信頼残高の増やし方

一生お金に
困らない
人生をつくる

菅井敏之
TOSHIYUKI SUGAI

きずな出版

信頼残高がどれだけあるかで、人生は大きく変わります。

はじめに——
銀行は、あなたのどこを見るか

あなたは、自分の好きなことをして生きていますか。

毎日の生活に満足して、人生を送れていますか。

そうしたいと思いながら、「自分にはできない」と思っていませんか。

そして、好きなように生きられないのは、自分にお金がないせいだと思っていないでしょうか。

「メガバンク」といわれる銀行に25年以上勤めた経験からすれば、「お金がなければできないこと」というのは、たしかにあります。

銀行を退職して、不動産投資家としての道に進んだのも、好きなように生きるには、時間的にも経済的にも自由にならなければ、それができないと考えたからです。

好きなことをして生きるには、ある程度の「預金残高」は必要だと思います。

けれども、それ以上に大切なのは「信頼残高」がどれだけあるか、ということだと実

感しています。

銀行を辞めて不動産投資家になった、その2年後にはカフェをオープンしましたが、いろいろな方々から、「ご家族の反対はなかったですか」ということを聞かれました。

妻も子どもたちも、私のしたいことを理解してくれていたので、その質問を受けたことに驚きましたが、いまになって思うと、家族が私を信頼してくれていたからこそ「理解」してくれたのでしょう。

自分が何かしたいと思っても、親やパートナーに反対されるということは、めずらしいことではないようです。でも、それは私にいわせれば、家族に対しての「信頼残高」が足りていない、ということではないでしょうか。

かくいう私も、もちろん何もかもうまくやってこられたわけではありません。

仕事で上司の理解が得られず、くやしい思いをしたことは一度や二度ではありません。サラリーマンの経験を持つ人なら、誰もが経験していることでしょう。

当時は、理解してくれない上司への不満を肴《さかな》に、酒を飲んだこともありましたが、それも考えてみれば、自分の信頼残高が足りなかったからなのだと思えます。

「信頼残高」とは、信頼関係の程度を銀行口座の残高にたとえたもので、『7つの習慣』でスティーブン・R・コヴィー博士は、「その人に接する安心感」とも表現しています。

つまり、自分という人間が、相手に対して安心感を与えられる人ほど、その信頼残高は高くなります。

銀行員は、企業の社長に対して、いくら融資《ゆうし》できるかどうかを見るわけですが、その判断材料としてあるのは、「預金残高」ではなく「信頼残高」である、ということがいえます。

たとえば、その社長はどんな経営をしてきたのか。どんな取引先と、どんなつき合いをしているのか。どんな商売にも波はあるものです。いまがマイナスの時期だとしても、これまでのお金の使い方で、その信頼残高をはかることができます。

信頼残高を見られるのは、社長ばかりではありません。社内の会議で、AさんとBさんがいたときに、同じ提案をしても、Aさんは賛同され、Bさんは賛同されない、ということがあります。

両者の違いはどこにあるかといえば、それは信頼残高の差に他なりません。

日ごろから信頼残高の高いAさんの提案には、たとえ不安要素があったとしても、「Aさんならば」ということで、OKが出るわけです。逆に信頼残高の低いBさんの提案は、いいアイデアだったとしても賛同を得られないということがあります。

「どうして、あの人ばかりがいつも優遇されるのか」
「どうして、あの人はうまくいくのか」

もしも誰かに対してそんなふうに思うことがあったら、それは、「信頼残高」のなせる業《わざ》だということです。

ところで、2014年3月に、私は初めての著書『お金が貯まるのは、どっち!?』を出版させていただきました。発売1年足らずで40万部を超え、ベストセラーの仲間入りをさせてもらいました。多くの方に読んでいただけたことは、著者として、本当に嬉しいことでした。

そのサブタイトルは「お金に好かれる人、嫌われる人の法則」で、二者択一のかたちで、それについてお話ししました。

この本では、もう少し踏み込んで、私の銀行員としての経験や、そのなかで目の当たりにした、さまざまな方たちの人生から学んだことをご紹介しながら、「信頼残高」とは何か、どうすれば、それを増やせるのか、ということを書いていきたいと思います。

その答えが、あなたにお金を引き寄せ、自由に好きなことをして生きる人生につながることを祈っています。

目次

第1章　ゼロからスタートする
——信頼残高をどう積み上げていくか

第2章

エリート意識が危ない

——誰もが油断して陥りがちな罠

第3章

行動と実績を見せる
――人はどこを見て、何を信用するのか

第4章

数字に強くなる

——お金の本質と信頼残高の関係

第5章

無形資産を蓄える

——自分がしてきたこと、してこなかったこと

第6章

自分が操縦桿を握る

――この人生の主導権は誰にあるか

第7章

ピンチをチャンスに変える

――「人間万事塞翁が馬」の精神

装幀・本文フォーマット
萩原弦一郎・藤塚尚子（デジカル）

信頼残高の増やし方

――一生お金に困らない人生をつくる――

金持ちになりたい一心で出発しても成功しない。
志はもっと大きく持つべきだ。ビジネスで成功する秘訣はごく平凡である。

——ジョン・D・ロックフェラー

第1章

ゼロからスタートする

――信頼残高をどう積み上げていくか

あなたは大丈夫？

信頼残高を減らす人の要素

- □お礼を言うのが苦手
- □大切なのは年収だ
- □貯金をしていない
- □名刺に肩書きを２つ以上載せている
- □横文字をよく使う
- □焼肉屋で特上を頼む
- □高級車はステータス

人生の目標をどこに立てるか

「信頼残高」がどれだけあるかで、その人の人生は大きく変わっていきます。

自分がなにかしたいと思っても、信頼残高が低ければ賛同されたり、応援されたりということは難しいでしょう。でも、少しずつでも積み上げていきさえすれば、信じられないほどの大きな支えを受けられます。

ところで、幸せになりたいなんていうことは、人様に言うことではないと思っているのですが、この世に生まれたからには、それが本能だと思うのです。

人はみな、幸せになるために生まれてきた。そうだとしたら、どうすれば人は幸せになるかといえば、人との関わりでしか幸せは感じられないものだと思っています。

自分さえよければ、それで幸せかといえば、そんなことはありません。

自分の大切な人たちがいて、その人たちを大事にすること。そのために自分は存在しているという意味では、それこそが人生の目標です。

家族を幸せにする。会社の仲間を幸せにする。それが自分の幸せになる。人生の目標をそこに立てれば、やるべきことは自《おの》ずと見えてくるのではないでしょうか。

銀行員時代、私はそれこそ仕事人間でしたが、家族との関係は、自分なりに大切にしてきたつもりです。

結婚した当初から、日々の生活のなかでの相手からのギフトを見逃さず、「おいしいね」とか「ありがとう」という言葉を、できるだけ伝えるようにしてきました。

家族だからといって、相手がしてくれることで、当たり前のことなんてないと思うのです。あたたかい食事や清潔に保《たも》たれた部屋、あるいは疲れている自分を癒《いや》してくれたり、気遣ったりしてくれることを当然のように受けとったのでは、信頼残高は積み上がっていきません。

毎日の小さなことを受け流さず、しっかりすくい上げることです。

信頼残高は一朝一夕《いっちょういっせき》に増えるものではありません。いまはゼロでもいいのです。ここから増やしていく。そのことを意識することが大切です。

二人の「40歳の課長」の生き方

銀行の営業時代のある日、私は二人の課長さんから融資の依頼を受けました。奇しくも、その二人は、どちらも40歳でした。

一人は大手新聞社の課長さん、仮にAさんとします。Aさんは、ゴルフの会員権を買うために５００万円の融資を受けたいというお話でした。

銀行から融資を受けるには、まずは「借り入れ申込書」を提出してもらわなければなりません。Aさんは、その場で必要事項を書き入れてくれました。

それによれば、Aさんの年収は１２００万円、金融資産は「ゼロ」とありました。

金融資産がゼロというのは、要するに預貯金がゼロということです。１２００万円の年収で、そんなことがあるのかと、当時の私は口には出しませんでしたが、内心はとてもびっくりしました。

でも、じつはそういう人は案外多いのです。傍《はた》から見れば、大きな会社のそれなりのポジションで、年収も高い。当然、資産も積み上げているかと思いますが、必ずしもそうとは限りません。

Aさんの金融資産がゼロというのは、おそらく家を買ったかして高いローンを組んでいたためでしょう。ゴルフの会員権を買うのは、それを転売して儲《もう》けるためでしょう。ゴルフの会員権は市場で取引されており、株式のように時価で売買されます。当時は投資目的でそれを買うことが流行《はや》っていました。

結果的にAさんは500万円の融資を受けました。大手新聞社に勤めているということが、融資が下りた理由です。

Aさんから融資の申し入れを受けたその日、あるメーカーの課長さんであるBさんからも、融資の申し入れがありました。

Bさんの年収は500万円、金融資産は2000万円。家を購入するために、1500万円の融資を受けたいということでした。この融資は、もちろん問題ありません。

AさんとBさんの二人から、たまたま同じ日に融資の申し入れを受けたわけですが、私は自分の将来のパターンを二つ見せられたような気持ちになりました。

当時の私は30歳になったばかりです。ちょうど日本はバブルの頃で、私は都心のど真ん中で働いていて、怖いものは何もない。自分は勝ち組だと思い、毎日飲み歩いて、お金を使っていました。

「このままではAさんのようになってしまう」

年収がどれだけあっても、使ってばかりではいくらあっても足りません。５００万円で購入したゴルフ会員権があったところで、バブルがあっという間に弾《はじ》けたのは、皆さんがご存じの通りです。その後のAさんのことは知りませんが、お金の面では苦労されたのではないかというのは想像に難《かた》くありません。

お金の使い方は、その人の生き方です。二人の生き方を見せられて、私は貯金に目覚めました。自分の将来を考えてお金を使うきっかけとなりました。

貯金は手取りの15～20パーセント

銀行員はその会社を、決算資料の世界で見ています。そこにある損益計算書《そんえきけいさんしょ》と貸借《たいしゃく》対照表《たいしょうひょう》が、すべてを物語っているわけです。

つまりは、いくら儲かったのか。その資金は、どう調達して、どう運用したのか、ということで、それをごまかすような言葉は、余計なことなのです。

こんなふうにいうと、「結局、お金がないとダメなんですね」と思われるかもしれませんが、そうではありません。

これは企業でも個人でも同じですが、お金がどれだけあるかよりも、収入に見合った貯金ができているかどうか、ということなのです。

たとえば、22歳で大学を出て、10年働いたとします。その10年の平均年収の手取りが４００万円だとしたら、そのうちの何パーセントを貯金してきたか、ということです。

堅実《けんじつ》な人の貯金する額の水準というのは、だいたい手取りの15～20パーセントといわれています。仮に年収の２割を貯金していたとしたら、年間80万円貯められたはずです。

もしも会社に入って10年たっていたとしたら、80万円×10年で合計８００万円の貯金がなければ、堅実とはいえない。銀行員は、そういうふうに見るのです。

けれども現実には、貯金は３００万円だとしたら、計算が合わないわけです。

もちろん、29歳のときに頭金を５００万円出して家を買ったというなら、貯金は３００万円でも説明がつきます。でも、「車を買いました」「友達と共同でヨットを買いました」というのでは、当然、お金は貯まりません。

お金がないことが問題なのではなく、お金の使い方が問題なのです。

せっかく稼いでも、そんなふうに使ってしまう人だと思われるだけで、信頼残高はグッと低くなってしまうのです。

だから、貯金額が同じ８００万円でも、年収が４００万円の人と１０００万円の人では、信頼残高は違ってきます。

10年間の平均年収が1000万円なら、年間200万円は貯められるはずです。そうだとすれば、貯金は2000万円なければいけないのに、それが800万円だというのでは、堅実な人とは見られません。

銀行はお金を貸して利益を出していくわけです。

お金を稼ぐ人に貸したいわけですから、年収が500万円の人よりは、2000万円の人のほうが、一見するとよさそうです。

でも、年収が500万円でも貯金は2000万円という人と、年収が2000万円でも貯金は500万円という人がいたら、断然、前者のほうが信頼残高は高くなります。

名刺で信頼残高を増やす

先日、起業したばかりの方とお会いする機会がありました。まさにゼロからのスタートを切ったわけですが、そのときに交《か》わした名刺を見て、「これはよくないな」と思ったことがありました。

それは、名刺にいろいろな言葉を載せていたことです。

最近は、会社の名刺の他に、個人的にも名刺をつくっている人が多いと聞きましたが、名刺にも、信頼度の高い名刺と低い名刺があります。

信頼度の低い名刺というのは、どういうものでしょうか。

たとえば、その人の名前が、毛筆《もうひつ》で太く、大きく書かれたものです。

なにか「達人」的な要素を出したいのかもしれませんが、それよりも自己顕示欲《けんじよく》の強さが表に出てしまうように思います。

また、私は名刺に「夢言葉」が多い人は、信用しません。

夢言葉とは、文字通りその人の夢や考えを表したものですが、そういうものがあればあるほど、「胡散臭《うさんくさ》い」と思われてしまいます。私がお会いした起業したばかりの人の名刺にも、「夢言葉」があふれていました。

銀行員的な視点でいえば、名刺はシンプルなほうがよいです。

肩書きや職種を多く載せる人もいます。「どんな仕事でも引き受けられます」というアピールで、そうしているのかもしれませんが、かえって専門がボケて、「どれもたいしたことない」ととられてしまうこともあります。

たとえば、社会保険労務士なら、いっそ「飲食店専門社会保険労務士」とすると、一見、範囲が狭《せば》まってしまったようですが、その人が何ができるのか、何をしたいのかは、より明確になると思いませんか。

名刺は大事なセールスツールでもあるわけですから、それを見れば、その人がどこをマーケットにしたいのかがわかることが大切です。

名刺というのは、本質的なことがわかればいいわけです。

歴史がある会社の名刺ほどシンプルなものですが、歴史と実績があるからこその自信の表れではないでしょうか。

余計な言葉を載せるのと反対に、名前とメールアドレスしか載せていない名刺をいただくこともあります。フリーで働いている人は、住居と事務所を一緒にしている人も多く、防犯の意味でそうしていることもあるかもしれませんが、これでは情報が足りないように思います。

企業が住所や電話番号を掲載するのは、「逃げも隠れもしない」ということの表れでもあります。名刺も同じです。

「私は怪《あや》しいものではありません」ということで、自分の名前や連絡先を載せているわけです。載せなくてはいけない、というものではないかもしれませんが、載せたほうが信頼度が高いのはいうまでもありません。

起業した人、フリーランスで仕事を始める人は、名刺をつくるところからすべてが始まるといっても過言ではありませんが、それをどんなものにするのかで、その後の信頼残高は違ってくることを覚えておきましょう。

専門用語を並べて信頼は得られるか

胡散臭い人は信用されない。そんなことはいうまでもないことですが、ではどういう人が胡散臭いかといえば、前でお話ししたように、名刺に余計な言葉や肩書きを入れている人は、どうしてもその感が否《いな》めません。

また、話をしているだけでも、そうした印象を相手に与えてしまう人もいます。たとえば商談をしているときに、やたらと横文字や専門用語を並べる人がいます。セールスの手法で、あえてそれをしている人もいるそうです。自分が知識をもっている、ということをアピールするために、それをするのでしょう。

けれども、本当に知識のある人は、専門用語などは使わずに、わかりやすく、そのことの本質を相手に伝えられる人です。

銀行員がどういう人を評価するかといったら、普通の言葉で話のできる人です。

相手によく思われたいという思いが強いと、緊張して、いつもの自分らしくない話をしてしまうことがあります。それが、相手には偉そうに見えたりしてしまうことがあるわけですが、どんな人に対するときにも、自分の言葉で話をすることです。

ラフな言葉でいいということではありません。

マナーは必要です。相手やビジネスシーンによって、その場にふさわしい話し方というものはありますが、だからといって、自分でもよくわからない専門用語を持ち出したり、カタカナ言葉を使う必要はありません。

実績を「盛って」話をする必要もありません。

自分自身がわかっていることを、自分の言葉で話すことで、あなたの誠実さは相手にちゃんと伝わるはずです。

自信のある人は見栄を張らない

銀行員時代、それこそ、いろいろな方にお会いしました。日本で知らない人はないような大手企業のトップから、自営業やサラリーマンなど、業種も職種も、会ったことがない人はいないというほど多くの方たちと接する機会をいただきました。

大手企業に勤めていても、実際は経済的に破綻《はたん》していたり、個人の「ふつうのおばさん」と思うような人が、びっくりするくらいの資産を持っていたりします。

銀行員は、お金を扱うのが商売ですから、そうしたことに一つひとつ驚くことはないのですが、そういう人たちとお会いするなかで思うのは、自信のある人ほど見栄を張らないということです。

お金持ちの人は、高級な場所で高いものを食べているのだろうと思いがちですが、本当のお金持ちは、そんなところには行きません。

費《つい》やすお金と見返りの価値を天秤《てんびん》にかけて、コストパフォーマンスのいいところを選んでいます。お金持ちの人ほど――ビジネスで成功している人ほどと言い換えてもいいかもしれませんが、価値のないものにお金を使うのを嫌《いや》がります。

この値段に対して正味《しょうみ》はどうなのか、ということを常に気にしています。つまり、無駄なものにはお金を使いたくない、ということがはっきりしています。

そんなふうに、お金を大切にしているから、お金が集まってくるのかもしれません。

たとえばベンツを買うにしても、新車を買う必要はないと考えます。5年落ちの中古でも、性能も見た目も、それほど変わるわけではありません。

ところが自信のない人ほど、新車にこだわったり、憧れたりします。

自分に自信のない人は、自分の持ち物で、それを補《おぎな》おうとします。それで高級外車の新車に乗り、何百万円もするような腕時計を持ち、高級ホテルに泊まったり、料亭や高級レストランで「高いもの」を頼んで安心するわけです。

そんなふうに上げ底して見せることで自分が満足できるなら、それもいいかもしれませんが、人生として見たときには、なにか息苦しさを感じませんか。

人からどう見られるかよりも、自分がどうしたいのか、自分は何をしたいのかに重心を置くほうが、ラクで楽しそうだと思いませんか。

自分は何を大切にしたいのか。そのことをわかっている人は、そのためにお金を貯めて、使うことができます。

ただお金持ちであることを誇示《こじ》したい、自分の実際よりも大きく見せたいというのでは、自分が何をしたかったのかも見誤ってしまいます。

結果として、見栄のためにお金を使ってしまい、あとには借金だけが残る、というのは現実によくある話です。

知り合いの中小企業の社長は、焼き肉屋に行って、社員が社長に気を遣って、特上のお肉ばかりを頼もうとしたのを止めたそうです。

「そんなみっともないことをしてはいけない」といったそうです。特上のカルビを頼んだら、ロースのランクは下げないとバランスが悪い。日常の小さなことですが、その社長は本質がわかっている人だなと思いました。そして、本質を知っているということは、信頼残高を積み上げるうえでとても大切なことです。

20代、30代はお金がなくてもいい

預金残高も信頼残高も、最初から積み上がっていれば苦労はないですが、誰もが最初はゼロからスタートします。

初めて銀行の通帳を、自分でつくったときのことを覚えていますか。最初に１００円とか１０００円を入金する人も多いですが、いまはゼロ円からでも銀行口座は開設できます。そこに初めての給与が振り込まれたときは、嬉しいものです。

その後、そこにはさまざまな数字が記録されていくわけですが、いままでのそれを見たら、これまでの自分の人生そのものだというふうに思います。

そこには、きちんきちんと毎月入金された数字があるでしょう。それが少しずつ大きくなっていくときもあれば、小さくなることもあります。そんなことを繰り返しながら、残高も上がったり、下がったりします。

どんな成功者も、ゼロからスタートしたのです。それは信頼残高も同じです。

お金は、もしかしたら宝くじが当たったり、誰かから相続したりして、ぽんと大きく舞い込むことがあるかもしれませんが、信頼はそうはいきません。

自分の力で、一つひとつ積み上げていかなければならないのです。

だから若いときには、預金残高も信頼残高もない自分に、がっかりしてしまうことがあるかもしれません。でも、20代、30代はそれでいいと私は思います。

私は、30代のときに兵庫県の西宮《にしのみや》に転勤になりました。東京では車を持つ必要はないと思っていたのですが、海も山もあって、子どももいたので、車を購入しました。といっても友人から5万円で譲り受けた5年落ちのコンパクトカーです。

当時の私は、将来のことを考えて給料の3割を貯蓄にまわしていましたから、妻に渡す生活費もそれほど多くはありません。それを上手にやりくりしてくれましたが、子どもたちは、小さい車しか持っていない我が家を貧乏なのだと感じていたそうです。

いまになっても、私はそれでよかったと思っています。車はコンパクトカーで十分でした。それを見栄を張って、高級車を買ったりしていれば一事《いちじ》が万事《ばんじ》で、生活も贅沢《ぜいたく》になったでしょう。「さすがは銀行の支店長さんのお家ですね」なんていわれても、それだけのことです。

見栄を張って、貯金もできないような生活をしていれば、定年になって小遣いにも困るようなことにもなりかねません。そうなって、いちばん迷惑を被《こうむ》るのは、子どもたちです。そんなことになるのはイヤだなと思ったのです。

当時の私は、まだ若く、自信もありました。いまは子どもに贅沢させなくても、年をとったときに、子どもたちが何かしたいときに援助できるくらいの余裕を持ちたいと思いました。そのための貯金であり、資産形成だったわけです。

人生80年の時代です。定年になった後も、20年以上人生は続くのです。

いまだけを見るのであれば、贅沢することもいいでしょうが、40歳になったとき、50歳になったとき、60歳、70歳になったときの自分や、自分の家族のことも考えておくことです。

20代、30代は、預金残高も信頼残高も低くて構いません。でも、いまからでも積み上げていけるように心がけることで、人生は大きく変わってきます。

今日からできる信頼残高を増やす習慣①

- 「ありがとう」を伝える
- お金の使い方を考える
- 手取りの２割を貯金する
- 名刺はシンプルに
- わかりやすい言葉で話す
- 「自分を大きく見せたい」を捨てる

第2章

エリート意識が危ない

――誰もが油断して陥りがちな罠

あなたは大丈夫？

信頼残高を減らす人の要素

□自分は勝ち組だと思っている
□安易《あんい》にカードローンを組む
□甘い話に乗りやすい
□四大支出が大きい
□運のよさに自信がある
□「パッション」という言葉が好き
□お世辞でよろこぶ

「自分は勝ち組」思考の危険

銀行は、どんな人にお金を貸したいかといえば、やはり年収の高い人であることは否定できません。特にバブル期以前はその傾向が強く、前で大手新聞社の40歳の課長の例を出しましたが、大手企業に勤めているというだけで、５００万円が無担保《たんぽ》で融資された、ということがあったわけです。

いまでは終身雇用制をとる企業も減って、大手企業の社員といえども、定年まで確実に勤められる保証はありません。だから年収だけで、融資の点で優遇されるということは少なくなりましたが、それでも、もともと年収が低い人に比べれば恵まれた環境です。

たとえば年収８００万円から１２００万円の人は、自分たちは勝ち組だと意識していることが多いようです。

こういう人たちは、何をするにしても気持ちが大きいです。四大支出といわれる住宅資金、教育資金、車資金、生命保険料も、それぞれ高額になりがちです。
それこそ、タワーマンションに住んで、子どもを私立に通わせ、外車に乗るような生活をしていたら、お金はいくらあっても足りないでしょう。私にいわせれば、脇《わき》が甘すぎるのです。

これに対して、年収500万円くらいの人は、そんな生活はしません。
家を購入するのでも、小ぶりのファミリーマンションを選ぶし、子どもは公立に通わせます。車も中古でいいと思っているし、保険も自分たちが無理なく払える金額を考えます。夫婦二人で家計をきちんとマネージしている人が多いのです。だから意外と、お金もしっかり貯めています。

自分たちは勝ち組だと思っている人と、そうでない人の違いは、前者はエリート意識が高く、将来に不安を感じていないのに対して、後者は前者とまったく逆であるということです。

そういうふうに見ると、年収が800万円から1200万円のゾーンに入る人が、いちばん危険です。それ以上の年収になれば、本当の意味での余裕も出てくるので、普通の生活をしていれば経済的に破綻することはありません。

中途半端に年収が高いために、「自分たちは高給取りだ」と認識して、年金不安などは自分には関係のないことだと考えてしまうのです。

実際、たとえば、そういう人が中学校の同窓会に行ったら、「自分がいちばん年収が高いな」と思って、「あー、これで安心だ」となります。

自分は選ばれた人間だと思って、家を買うのも、子どもの教育も、より高級志向になりがちです。

当然、お金が足りなくなって、株式投資やＦＸなどを始めて、さらに状況を悪くするというのは、めずらしい話ではありません。

ちなみに、ＦＸとは「外国為替《かわせ》証拠金取引」の略で、外国の通貨を売買して、利益を得る取引のことを意味します。

カードローンで破綻するパターン

年収が800万円から1200万円のゾーンの人が危ない、という話をしましたが、自分のお金がなくなったらどうするのかといえば、カードローンで穴埋めしていく、というのが一番簡単で、手っ取り早い方法です。

それだけの年収があればボーナスも出ているはずで、どうして、そこまでお金が足りなくなってしまうのかと不思議に思う人もいるかもしれませんが、ここが人間の欲望の怖いところです。つまり、欲しいとなったら、とにかく買ってしまうのです。車でもピアノでも、自分たちの選民《せんみん》意識が満たされるなら、貯金をはたいてでも購入しなければならないものになるのでしょう。

「これくらいのものを持っていないと、格好がつかない」のです。

そうなったらボーナスはローンの穴埋めになります。それでも足りないというときに、カードローンでお金を借りるわけです。そういう人は普通にいます。高収入の人ほど、カードローンも、３００万円とか５００万円とかで組んでしまうようです。

ローン会社は、簡単に融資してくれます。あなたを信頼して貸してくれるのではありません。あなたの「属性」に依存して、お金を貸してくれるわけです。これは、つまり、「大手企業に勤めているあなたのたくましい安定収入」という甘い蜜《みつ》を、「こっちによこせ」といっているのです。

もちろん、借りたお金は返さなければなりません。金利は安くありません。

ローン会社は、きっちり請求してきます。完済できるまで、それから逃れることはできません。

最悪の場合は、それがもとで自己破産に追い込まれる人もいます。破産するのは所得が低いせいだと思われがちですが、高い年収にもかかわらず、それに見合う生活ができない人がもっとも陥《おちい》りやすい、人生の罠だといえるでしょう。

不動産投資の現実

カードローンで穴埋めをしなければならないような人は、本当は、支出をコントロールしなければならないのですが、大企業に勤めているがゆえに、それが野放しになってしまいます。そして、何を考えるかといえば、なんとか、もっと収入を伸ばす方法はないものかと思うわけです。

それで株をしたりＦＸをしたりして、少しずつ危ない投資に近づいていきます。いえ、向こうから、そんな話がやってくる、というほうが正しいかもしれません。

「不動産投資に興味ありませんか。節税対策にもなりますよ。将来のことも踏まえて、新築のワンルーム。都内に一戸１２００万円のいい物件があるのですが、いかがでしょう？」

こんな電話がかかってきます。こういう業者は、いろいろなリストを持っているので、その人が、じつは経済的に破綻しかかっていることもわかって、連絡してきています。

「そんなお金はありません」と言っても、怯《ひる》みません。


「いや、お客様でしたら特別ですから、私が銀行か信販《しんぱん》会社を紹介させていただきます。特別にいいかたちで、全部セットしますから」


なんて言うわけです。この「特別」に弱いことも、業者は知っているのです。

「こんな立派な会社にお勤めのあなたにこそやってほしい投資なんです」というようなことを言って、選民意識をくすぐります。こうなったら、もうイチコロです。

本当はそんな余裕はない。けれども「全部貸してくれるというなら」と、そんな投資に乗ってしまうのです。

返済さえ終われば、そのマンションの賃料は丸々自分の年金になると本気で思ってしまいますが、もちろん、そんなに甘い話ではありません。

アパート区分マンションが、年中満室であるとは限りません。当然、空室期間もあり

ます。いまは新築でも、10年たったら古くもなります。そのときに水まわりが壊れたと

か、壁紙を張り直さなければ人が入らないとかで、10万円、20万円と請求がまわってく

るわけです。

維持費がかかりすぎることに気づいて、「そんなの売りたい」と思っても、借金は2

000万円ある。物件は売っても1500万円だとなれば、500万円の持ち出しです。

不動産投資がいいと思って始めた人のなかには、こうしたケースに陥る人は決して少

なくないはずです。でも、そんな失敗は恥ずかしくて誰にも言えないので、あまり表に

は出てきません。それこそ、不動産投資の斡旋《あっせん》会社の思うツボです。

その意味で、じつは、いまはバブルで、こうした不動産投資の話は、まさに現在進行

形で起きていることといっていいでしょう。

不動産投資セミナーやFXセミナーに行けば、属性のいい30代、40代がたくさん来て

います。

彼らの気持ちはわかります。自分たちより上の50代は元気がない。「あんなふうには

なりたくない」と思うわけです。部下も上司も使えない。「こんなところから抜け出し

たい」と思っても、出口が見えず、閉塞感《へいそく》でいっぱいなのです。

それで、サラリー以外の道はないかと探したところが、不動産投資セミナーであり、ＦＸセミナーなのでしょう。

でも、甘い話に乗るだけでは、破綻は目に見えています。

不動産投資を本気で考えるならば、数字を出してみることです。

たとえば都心のマンションやアパートを1億円で買おうと思ったら、頭金として３００万円くらいはキャッシュを用意しなければなりません。

それでいくら利益が出るかといえば、ローンの支払いを引いたら、毎月20万円から30万円がいいところです。

それでは合わないとなると、地方であれば土地が広いから担保になります。1億円の売買価格に対して1億円の担保評価が出ることもあります。

サラリーマンを続ける前提でローンを組めば、属性が高い人であれば銀行はお金を貸してくれます。要するに、この人は、なにかあってもサラリーで補てんできると見るわけです。

そうなれば、「売買価格1億円、自己資金なし」。フルで銀行から借りられたと仮定して、業者は、「それで毎月40万円ぐらい入ってくる」という絵をかいてくるわけです。地方だと利回りも高いです。たとえば東京の世田谷区だと5～6パーセントぐらいの利回りしか出ませんが、同じ1億円でも、地方によっては利回り9～10パーセントのところもあります。

つまり、自己資金なしで1億円のアパートを購入できて、なおかつ、毎月、数十万円の収入が、黙っていても自分の口座に振り込まれる、というわけです。

そんな話をされて、「乗るな」というほうが無理でしょう。

支出をどうコントロールするか

将来の不安がないという人はいないでしょう。

それは年収の多い少ないにかかわらず、誰もが漠《ばく》としたかたちで抱えているものだと思います。

たとえば外資系金融マンは、その年俸は平均から見れば高いですが、いつクビを切られるかわからないと思っている人が多いのではないでしょうか。

別の収入を得たいと思っても、内規《ないき》で株はできないとなると、不動産投資などに心が動かされるのは、よくわかります。

でも、それを成功させるには、堅実にやっていくことが必要です。

外資系金融マンであれば、2000万円くらいの年収がある人もいます。
その3割を貯めれば600万円、一年間に貯められるわけです。
これは無理な数字ではありません。

それを5年続けたら、3000万円のお金が貯まるわけです。

それができないのは、マンションや外車を買ったり、子どもを私立に行かせて、習い事もさせ、自分はストレス発散のため夜は六本木に繰り出して……ということをしているからです。

繰り返しになりますが、そんなことをしていたら、お金はいくらあっても足りません。

子どもを私立に行かせるのが悪いという話ではありません。
何にお金を使うのかは、それぞれの価値観でいいのです。
ただ、それが見栄のためなら、つまらないですよ、という話をしているのです。

経済的に破綻しない方法は簡単です。

自分のお金のなかで、自分の生活をまかなえていれば、破綻することはありません。

つまり、支出をコントロールできれば、お金に困ることはないわけです。

お金が足りないというときには、支出をコントロールすればいいことです。

それをしないで、その足らざる固定費を新たなる収入で穴埋めしようとするから、知らず識《し》らず、落とし穴にはまってしまうのです。

感謝を忘れていないか

高い年収を得ているにもかかわらず、経済的に破綻してしまう人は、何を間違えてしまったのでしょうか。

私は、「自分は特別である」という勘違いが、そうさせてしまうのだと思っています。「うまい話なんてないよ」というのが、世間の常識です。「少なくとも自分のところには来ない」と、たいていの人は思っています。

けれども自分は特別だと思っている人は、「特別な自分だから、特別ないい話が来るのだ」と考えるのです。

なぜ、自分は特別だと思ってしまうのかといえば、もともと自分には実力がないことを知っているからです。人間、自分のことはよく知っているものです。

「もともと優秀でも何でもなかった自分が、実力もないのに、いい会社に入れて、しかも、こんなにいい給料をもらっている」ということを自覚しているのです。

いまの自分があるのは、「運がよかったから」と思うわけです。

本当ならば、そこは感謝を持つところです。「こんな自分」でも採用してくれたことに、謙虚にならなければならなかったのです。

ところが、「自分は運がいいんだ」というところで終わって、傲慢《ごうまん》になるわけです。

「これを持っておくと毎月40万円入りますよ。他では出ていないんで非公開なんですが」なんていう話を鵜呑《うの》みにしてしまうのは、「運のいい自分」に、こんな話を持ってくる相手の人のことを「すばらしい」と思ってしまうからです。

私は、「運のいい人」なんていないと思っています。

もしも、本当に運がいいとしたら、それは、まわりのお膳立《ぜんだ》てがあったからではないでしょうか。

そこに感謝しなければいけない、と言いたいのです。

「自分は運がいい」というのは、自己過信です。

数字的な根拠があってのことではないことがほとんどでしょう。

たとえば、起業したいという人がいて、半年後には資金繰りが行き詰まるのが見えても、自分は運がいいから心配いらない、というような経営者では困るわけです。

「私のところに来る人は、みんないい人で、私は本当に運がいいんです。その運に従って、この事業を進めようと思います」

そんな人のビジネスプランには、少なくとも銀行は、耳を貸してはくれません。

「運がいい」と言っている時点で、それは傲《おご》りなんです。そんな思い上がった気持ちで成功できるほど、事業は甘くありません。

まずは謙虚になることです。

いまの自分があるのは、誰のおかげなのか。運なんていう曖昧《あいまい》な言葉でごまかさず、自分のまわりやお客様に対して、謙虚になって感謝することです。

パッションだけでは人はついてこない

自分のことを特別だと思っている経営者は多いです。銀行員時代には、個性の強いワンマン経営者にもたくさん出会いました。

起業する、ベンチャー企業を起ち上げるというのは、志というようなものがないとできないものです。大海原に小舟で出て行くようなものですから、社会に対しての反発のようなものを持つこともあります。

「銀行がなんだ！　得意先がなんだ！　国がなんだ！　俺は俺のやり方で進めていく！」というようなことを、目の前で言われたこともありました。

岡本太郎さんは、こんな言葉を残しています。

「だけど、ぼくはまったく逆のことをやって生きてきた。ほんとうに自分を貫くために、人に好かれない絵を描き、発言し続けてきた。一度でいいから思いきって、ぼくと同じにだめになる方、マイナスの方の道を選ぼう、と決意してみるといい。

そうすれば、必ず自分自身がワァーともり上ってくるにちがいない。それが生きるパッションなのだ。いまは、ほとんどの人がパッションを忘れてしまっているようだ。」

（岡本太郎著『自分の中に毒を持て』より）

「パッション」とは情熱のことですが、ただ情熱だけをもって社会に飛び出しても、ひっくり返るだけです。もしも、そこでうまくいったとしたら、そこにはお膳立てをして、レールを敷いてくれた人がいたはずです。

そのことに思いがいかず、ただ自分の情熱だけで成功できたという社長がいたら、それこそ「裸の王様」だと私は思います。

パッションが悪いというのではありません。パッションは大切です。それがなかったら人なんてついてこない。けれども、そんな志やパッションだけでも、人はついてきません。

最初はだませても1年と続かないでしょう。

その労働に見合う対価を払うとか、生活の面倒を見るとか、その人の人生に思いを及ぼす繊細《せんさい》さ、心配りがなかったら、人なんてついてくるわけがありません。

「自分は世の中を変える」

「日本を元気にする」

「世界平和こそが真実一路」

そんなことを言う人ほど、具体的なビジネスプランになると曖昧になってしまうことが多いのです。

経営者は、日本を元気にする前に、従業員を養《やしな》っていかなければならないわけです。

たとえば、最低の生活を守るのに一人20万円かかります。

5人雇ったら100万円です。

「毎月100万円の固定費をどうやって、いまのビジネスモデルで継続するんですか」

ということを聞くわけです。

とりあえず資本金として500万円あるから、それをまわす。だとしたら、5カ月はもつわけです。

「では5カ月たって、6カ月後の収入はどうするのか」

「出資を仰ぐのか。その出資は、何人からいくらずつ集めるのか」

こうしたことを、数字に置き換えて考えていかなければならないわけです。

それは横に置いて、ただパッションだけを語られても、銀行は動けません。

志のある起業家は、話のスケールは大きいです。よどみなく話をされて、つい引き込まれてしまうような話術もあります。

そして、ところどころで有名な政治家や経済人の名前が入ってきます。

そうなると、私のなかでは完全に赤信号になって、それ以上は近づいてはいけない人になってしまうのです。

お世辞はお世辞として受けとる

自分を大きく見せようとする人は、目下の人に対して横柄《おうへい》な態度をとるものです。部下や下請《う》けの人に対して、無理な課題を押しつけたり、プライベートな頼み事をしたりします。

そういう人に限って、自分よりも上の人には、揉《も》み手をするような勢いで、お世辞を言ったりするものです。さっきまで部下に威張《いば》っていたのが、その部下の目の前で、「どうもどうも」とでもいうように、お客様に取り入ろうとする姿は、まるでコントのようですが、現実にはよく見られる光景です。

そういうことをして恥ずかしくないのかと思いますが、当の本人は、自然にしていることなので、その異様さに気づくことはありません。

そういう人を見たら、反面教師にすることです。

そうした行為がいかに恥ずかしいかということを、自分のなかで認識しておくのです。

歯が浮くようなお世辞を言う人も恥ずかしいですが、それに乗ってしまうほうも同類です。お世辞はお世辞とわかるものです。それに踊らされてはいけません。

お世辞を言うのが悪いといっているわけではありません。

処世術として、相手との距離感を縮めるため、あるいは、その場の空気を和《なご》ませるために、ちょっとしたお世辞を言うことは誰にでもあるでしょう。でも、それだけにならないことです。

社交辞令と本気の場面を使い分けられる、ということが大切なのです。

何でもない場で冗談も言えないような人も困りますが、本気の場面で揉み手ばかりしているようでは、まともにつき合ってもらえません。

銀行員時代はアパートローンや投資信託を売ったりしていたわけですが、その営業成績はつねにトップクラスでした。なぜそんな成績を出せたかといえば、人とのつながりがすべてだったといって過言ではありません。

お客様に、私という人間を信用してもらえたから、成績も人脈も大きくすることができたと思っています。

自分という人間を信用してもらうには、お世辞だけではどうにもなりません。

相手は馬鹿じゃないんです。

上の人に媚《こ》びる人を見てダメだと思うのは、相手をナメているからです。

いいことを言って気持ちよくさせていればなんとかなる、と思っているから、揉み手をし、おべんちゃらを言うわけです。

人はそれほど単純ではありません。相手が自分の本質を見ているかどうか、どこまで真剣に思ってくれているかを、ちゃんと観察しています。

あなたも、そうではありませんか?

自分がどんな人を信用するかを考えれば、信用される人がどんな人かがわかるはずです。

今日からできる信頼残高を増やす習慣②

- 自分の収入と支出を見直す
- 高級志向を捨てる
- ストレス発散のための飲み会をやめる
- 謙虚になる
- 「有名人を知っている」をやめる
- 社交辞令と本気の場を使い分ける

第3章

行動と実績を見せる

――人はどこを見て、何を信用するのか

あなたは大丈夫？

信頼残高を減らす人の要素

□自分の夢を誰にでも語る
□嘘をつく
□常にニコニコしている
□行動のスピードが遅い
□報告・連絡・相談をしない
□傲慢である
□お金に疎《うと》い

未来を語るより過去の実績を見せる

前の章でもお話ししましたが、融資を受けたいという人の語る未来は明るく、スケールも大きいことが多いです。

けれども、それを聞く銀行員の目は、その人の未来ではなく、過去を見ています。これから何をするかよりも、これまで何をしてきたか、ということが大切なのです。

政治家の選挙でも、「子どもの世代を幸せにします。みんなが安心して暮らせる社会をつくります」というようなことを言いますが、そのために、いままで何をしてきたのかということを話してくれたほうが、よほど説得力があると思うのですが、どうでしょうか。

融資を受けるときに、仕立てのいい服を着て、高そうな時計や宝飾品を身につけて銀行に来る人がいます。そういう人の話は、自分の知っている有名人の話ばかりです。

「こんな人も知っている」「あの人に会ったときに……」ということを散々《さんざん》していくわけですが、銀行が聞きたいのは、過去の実績です。

それで決算書を見てみると、そこには真っ赤な数字が並んでいるわけです。こんな人に融資ができるでしょうか。

お金を借りたい人というのは、これからのことを語りたがるものです。

「こんなにすごいことを考えたのです。スキルもあるから、これを世に出せば、絶対に売れます。だから資金を出してください」

「すごいこと」はさまざまですが、言ってくることは、たいてい同じです。

本を出版して、それが思いの外《ほか》、多くの方たちに読んでいただけましたが、まもなくして出版社から連絡をいただくようになりました。私の本を出したいから会いに来たいというのです。そして、実際に、たくさんの編集者さんに会うことになりましたが、その人たちがどうして私のところに来るのかといえば、私という人間に興味を持ってくれたからでしょう。私の過去に照らして評価していただいたから、足を運んでくれるのだと思うわけです。

それは、出版の世界も、金融の世界も、みんな一緒ではないでしょうか。

「いましかない」とか「これからしかない」という人は、信頼残高にならないのです。その時点では、信頼残高はゼロです。期待残高はあるかもしれませんが、それは誰でもなってみないとわからないことです。

編集者さんから、本の企画書では、著者のプロフィールが大事なのだと教えてもらいました。プロフィールを読めば、その人が何をしてきたのかがわかります。この本を、どういう視点で書いたのかということも読み取ることができます。それは本を買う立場からしても、同じだと思いました。

自分は何をしてきたのか。どういう実績を残してきたのか。

いまはまだ、それがないとしたら、実績を残していくための行動を起こしていくこと。

それが信頼残高につながっていきます。

平気で嘘をつく人たち

自分を大きく見せようとする人は信頼残高が低いわけですが、そういう人を見抜けないと銀行員は大変です。

お金を返さない人に、お金を貸すことになりかねないからです。

自分のことを大きく見せる人、自分を飾ってしまう人は、お金の使い方も鷹揚《おうよう》です。

十分な収益が見込めたり、万が一の場合にも資産があって補えたり、ということであれば、お金に鷹揚であるというのはプラスの面としてあげられます。

けれども、来月の支払いもどうなるかわからないのに、見栄を張ってばかりいたらどうでしょう。

すぐに困ることはなくても、いつかは返済も滞《とどこお》りがちになるというのは目に見えています。

銀行員は、そういう人を見抜いていかなければならないわけですが、これは銀行員にかぎったことではないでしょう。

信頼残高の増やし方で大切なのは、「信頼残高の高い人」とつき合うことです。

人生は出会った人で決まる、ということがよくいわれますが、信頼残高の低い人ばかりがまわりにいる人は、結局は、自分の信頼残高も低くしてしまうのです。

銀行員でいえば、顧客の返済がみんな滞るというようなことになれば、評価が下がるどころか銀行員としての資質を問われかねません。

もちろん、銀行としての審査があるので、現実にはそんなことにはなりませんが。

人を見抜くというのは、人生のあらゆる場面で大切になってきます。

その最たるものが結婚を決めるときかもしれません。

私自身が結婚を決めたときも、相手に対して「自分を飾らない人だな」と思ったところが大きかったように思います。

それはともかく、自分を自分以上に見せようとする人に会うと、私のセンサーは黄色信号が点灯するようになりました。

自分を大きく見せようとする人は、身につけているものが派手だということがありますが、それ以外でいえば、やたらとニコニコ近づいてくる人も要注意です。

笑顔である、というのはとても大切です。

私も銀行員時代はもちろん、カフェをオープンしてから、そのことをより強く感じるようになりました。

お客様と笑顔で接するというのは、商売をするなら当然のことですが、笑顔のいいお客様がいるだけで、お店の空気も変わるのです。

ただし、同じ笑顔でも、「自分をよく見せよう」として作る笑顔と、心からの笑顔は違います。

なにか企《たくら》みがあったり、だましてやろうと思ったりしている人というのは、たとえ笑顔であったとしても、目が笑っていない、ということがあります。なにか不自然な感じがするのです。

自分を飾る人、自分を実際よりも大きく見せるというのは、自分に嘘をついているようなものです。

自分のことは自分がよく知っている。そう思いませんか。

飾り立てたところで、本当の自分の大きさは、誰よりいちばん自分がわかっているはずです。

自分にも人にも嘘をついているうちは、信頼残高は増えていきません。

自分に正直であることが、他人からも信頼されて、自分を楽にする方法だと私は思っています。

スピードが誠実さにつながる

嘘をつく人と対極にあるのが、誠実な人でしょう。では、誠実さは、どうすれば相手に伝わるかといえば、それはスピード感に表れると私は思っています。

レストランでも、すぐに注文をとりに来たり、料理もスムースに出てくる店は、そこにいて心地がいいものです。素早く対応してくれるというのは、それだけ大切に扱ってもらえているというふうに思えるからです。

たとえば部下に頼んだ仕事が、なかなか上がってこなければイライラします。それは、仕事が遅いというだけでなく、自分が頼んだことをいいかげんに聞いているのではないかと思うこともあるのではないでしょうか。

お店でも部下でも、自分のことを優先してくれていることがわかれば、少々気に入らないことがあっても、イライラすることはあまりないように思います。

ところで銀行から融資を受けるときに、さまざまな書類の提出を求められます。私も銀行員時代に、お客様にそれをお願いすることがありましたが、「わかりました」と言って、すぐに用意してくださる人もいれば、「面倒だな」と言って、提出が遅れる人もいます。そして、提出が遅れる人というのは、何度も催促《さいそく》する羽目《はめ》になることが多いのです。

どちらが誠実に思えるかといえば、前者であることはいうまでもないですが、そういうところでも評価されているわけです。

誠実な人は、どんな場面でも誠実です。逆に、そうでない人は、ふだんはいい人であっても、本当のところでは油断がならないと思わせるところがあります。そういう人とは信頼関係を結びたくても、結べるものではありません。

スピード＝誠実さであり、それが信頼につながっていきます。

同じレポートでも、いつ持ってきたのかで心証は全然違います。

同じ内容の回答物でも、それが1時間後に出てきたものか、催促して1週間後に出てきたものかで、その人に対する評価は変わるのです。

足し算の評価を引き出す

融資を受ける受けないは関係なく、信頼残高は、社員としても積み上げていくに越したことはありません。

上司からの信頼残高を増やすには、よくいわれるサラリーマンのホウ・レン・ソウ――報告、連絡、相談は大切です。

いくら仕事ができても、この「報連相」ができない人は評価されません。

私は、上司に相談しない部下でした。あとになってみると、それで損をしていたということはあったと思います。

たとえば、あるとき、課長から課題をもらってレポートを書いたのです。私は常にトップセールスの銀行員でした。「できる自分」を自負していましたし、そのために一生懸命、努力もしていました。

だから、そのレポートも、「どうだ」と言わんばかりの完成形で提出したのです。課長は褒《ほ》めてくれるに違いないと思っていたのですが、なんだかんだとケチをつけられて、それほどの評価は得られませんでした。

ところで、そのレポートは、私の前の席に座っている2年下の後輩にも課せられたものでした。そして、この後輩は、うまくできないので、すぐに課長のところに相談に行くわけです。すると課長は、彼と別室に入って、懇切丁寧《こんせつていねい》な指導をするのです。

私としては、なにか面白くないと感じたわけですが、次のボーナスのときに、その後輩のほうが自分よりも評価されたときには、相当、頭に来ました。

どうしてそんな評価になるのか、当時は理解できませんでしたが、いまなら、少しわかるような気がします。

私は上司にとっては、「かわいい部下」ではなかったのです。なにも相談しないで、「どうだ」みたいな顔をしてレポートを出すなんて傲慢です。

レポートは完成形で提出されるわけですから、そうなると、評価は引き算から始まるのです。上司の頭のなかでは、「これができていない」「あれができていない」ということがカウントされて、プラスには考えてもらえないわけです。

後輩のほうはどうかといえば、

「すみません、さっぱりわからないんです。一応ここまで書いたのですが、ここから先はどうしたらいいんでしょうか」

という具合に相談するわけですから、

「いやいや、でもまあ、これはこれでよくできてるんじゃないか」

となります。そうなれば、できていることを勝手に足していってくれる「足し算の評価」になるわけです。

スタートが違うから、結局、評価には差が出ます。その差は、傲慢さと謙虚さの違いから出たものだったとわかったのは、自分が部下を持つようになってからです。

りますｏ

自分の力を過信しない

相談するというのは、サラリーマンとしての信頼残高を増やすための有力な武器になります。

たとえば１週間後に提出しろといわれたレポートなら、１週間後に完成形を出すのではなく、２日目に６割ぐらいをつくって相談に行くのです。そこで上司からのサジェストを受けて方向性を修正していくと、上司を巻き込んで手づくりしていったものが、最終時限の３日前ぐらいには、自然にもうできてしまうわけです。

自分一人で頑張る必要もなく、信頼残高も増えていくというのは、一石二鳥《いっせきにちょう》のいい方法だと思いませんか。

ところが、虚勢《きょせい》を張るタイプ、プライドの高いタイプ、傲慢なタイプというのは、なんとか自分だけで完成させようと、ギリギリまで手づくりしてしまうわけです。

もともと男というのは、相談することが得意ではありません。とくにプライドが高くて、まじめな人ほど、その傾向があるように思います。相談することが、負けを認めるような感覚をもってしまうのです。

本当は相談に勝ち負けなんかないわけですが、自分だけでなんとかしたいと思う余り、趣味の世界に入り込んでしまいます。自己満足で、傲慢になっているから、上司から頭をガツンと殴られるように、「なにコレ、全然違う」などと言われるのです。

実際に、方向性が間違っていることはあると思います。自分を過信して手づくりしていますから、独りよがりなものになりがちです。

どんなに優秀でも、自分だけでできることなんて高が知れています。ましてや仕事は、一人でするものじゃない。サラリーマンであるかぎりは、そこに例外はありません。内容よりも、プロセスが大事ということもあるわけです。

傲慢な部下は、どんなに優秀でも、上司から引き上げられることはないし、信頼残高を積み上げていくことはできない、ということを知っておきましょう。

自分の実績を評価する

自分がこれまでに何をしてきたか。どんな実績を残してきたか。信頼残高では、そのことが大切だという話をしてきました。

でも、そういうと、

「自分はふつうのサラリーマンだったから、語るほどの過去は何もありません」

という人がいます。

それは、自分がそう思い込んでいる、ということではないかと私は思います。

過去の実績というのは、セールスで1番になるとか、なにかで賞をとるとか、というようなことだけではありません。

小さなことでいえば、病気で休んだことはないということも、本当は評価されるべきです。転職せずに、一つの会社でずっと、一つの仕事に打ち込んできたということも、サラリーマンとしての実績です。そういうものが「自分の資産」になるわけです。

たとえば女性に、

「かたや自営で年収2000万円のイケメン青年実業家と、かたや年収は700万円の大手企業の正社員がいたら、どちらを結婚相手に選びますか」

と聞いたら、

「大手企業の正社員」

と即答で返ってきます。

自営がいかに安定していないかがわかっているのです。いつひっくり返るかわからない。いまは2000万円の年収も、5年後にはどうなっているのか、何の保証もないわけです。

ところが大手企業の正社員ならば、とりあえずは安心です。

いまは700万円でも、生涯賃金で考えたら、一時羽振りのいい青年実業家よりも、断然多いということもあるかもしれません。

たとえ大手企業でなくても、一つのところに勤めて、安定した収入を得ているというのは、それだけで価値のあることなのです。

組織のなかで知らず識らずのうちに身につけたノウハウや身の処し方、指示を受けたときの対応、部下に指示を出すときの工夫、それらはすべて、自分の資産になるのです。

会社にはいろいろな人間がいます。「バカな上司」もいれば、「使えない部下」もいます。理不尽なことを強《し》いられることもあるでしょう。

そうしたなかで、勤めつづけているというのは、あなたには当たり前のことでも、一つひとつをスキルにしたら、どれも他でも活かせる価値のあるものです。

自分がこれまで何をしてきたのか、どんなふうに過ごしたのかを振り返り、実績を正しく評価することです。

なぜ自分は信頼されるのか、という視点で見てみると、自分の評価がよいほうに変わってくるかもしれません。

自分の責任を果たす

「お金のことなんて気にしない」

「数字のことはよくわからない」

そういって憚《はばか》らない経営者を何人も見てきました。

「それほどに自分は大きな人間なんだ」ということを誇示したいために、そんなことを言う人が多かったのですが、こういう人に対して、銀行員の目は冷ややかです。

少なくとも経営者が、銀行員に対して言ってはいけないセリフのベスト5に入るといっても過言ではありません。

社員を幸せにするのが経営者だといった社長がいましたが、それはその通りで、会社というのは、社員本人はもちろん、その家族の人生までにも責任があるわけです。

会社の経営が悪くなって倒産になれば、社員とその家族の人生に大きな影響が出ます。

経営者であれば、そのことを自覚して利益を出さなければならないのに、「お金のことなんて気にしない」とは、自分は無能だと宣伝しているようなものです。

銀行員の前で、自分を大きく見せようとする経営者は少なくありません。

「いまの副頭取は昔、うちの担当だった」とか「有名人の○○を知っている」というのは、営業に出ているとよく聞くフレーズですが、そういうことを言う人ほど、たいした知り合いではなかったりします。

本人は自分のことを少しでも大きく見せたいと思って言うのでしょうが、実際には信頼残高が減っていくばかりです。

信頼残高というのは、人間関係において、信頼されることがあれば積み上げられますが、それを裏切るような、ちょっとした行為で引き出されもします。

「なんだか胡散臭いな」「信用がおけないな」というイメージを相手に与えるだけで、たとえ別のことで、信頼が厚かったとしても、どんどん差し引かれて、信頼残高が減るばかり、ということがあるわけです。

では、「お金のことなんて気にしない」という経営者の信頼残高がなぜ減ってしまうのかといえば、そういう経営者は社員を見ていないからです。

自分の会社の社員のことを真剣に考えていない。だから、「数字のことはよくわからない」と言ってしまうのです。

社員のことを本気で考えていたら、あるいは自分の起こした会社をなんとか大きくしたいと考えていたら、そんな言葉は出てこないものです。

人はそれぞれ、なにがしかの責任があります。

親としての責任。子どもとしての責任。

社会人としての責任。家族としての責任。

会社に勤めていれば、その社員としての責任があり、役職がつけば、その責任もついてきます。

当然、社長として経営者としての責任は大きなものですが、その責任を担《にな》う人が、「お金のことは気にしない」などというのは、銀行員からすれば、あり得ないことです。

私がこれまで出会ってきた経営者の方たちを見ても、自分の会社の社員のことを本気で考えている人は、そういうことを言いません。

銀行が融資を決める際にもっとも大切なことは、その相手に返済能力があるかどうかということです。返済できない相手に融資をしたら、それこそ大変です。

「経営」とは、

「事業目的を達成するために、継続的・計画的に意思決定を行って実行に移し、事業を管理・遂行すること」（『大辞泉』）

であり、要は、一つの会社として社員を養えるだけの利益を出せるかどうかということです。

その立場にあって、「自分はお金に頓着《とんちゃく》しない」などというのは、自分の責任を果たそうとしていません。

社長であってもそうでなくても、自分の責任を横に置いてしまう人は、信用に値《あたい》しないのです。

今日からできる信頼残高を増やす習慣③

- 自分の過去の実績をまとめてみる
- 嘘をつかない
- 誠実さを意識する
- 報告・連絡・相談を忘れない
- 1週間後が提出期限の課題を、2日後に6割つくって相談に行く
- 社員として、経営者として、親として、子どもとして、自分の責任を考える

第4章

数字に強くなる

——お金の本質と信頼残高の関係

あなたは大丈夫？

信頼残高を減らす人の要素

- □数字に弱い
- □家計簿をつけていない
- □いい借金と悪い借金の違いがわからない
- □退職金で住宅ローンを一気に繰り上げ返済する
- □「P／L」「B／S」の意味がわからない
- □なんでも他人任せ

志だけでは現実は乗り切れない

先日、起業家向けのシェアハウスを立ち上げたいという人に会いました。その人は現在、起業家養成学校を主宰《しゅさい》しています。

私が若い頃の仲間だったのですが、不動産のことを教えてほしいからということで、20年ぶりに訪ねてきてくれました。

まずは自分のまわりの人たちが、いかに成功しているかということを息もつかせずに話すのです。有名人の話も、たくさん出てきました。

「ところで話は何だっけ」というところで本題に移ったのですが、彼はさらに熱く語ってくれました。

「起業を志す人たちが、そこに集《つど》って論議し合うんだよ。そこが住まいにもなって、それこそ寝食を共にしながら、これからのビジネスを考えていくんだ。将来は、そのシェアハウス出身の起業家たちが、上場会社の社長になったり、ビル・ゲイツになるかもしれない。マスコミも、きっと注目するはずだ。これってすばらしいと思わない？」

すばらしいアイデアだとして、「それでいくら儲かるの」と聞いたら、「わからない」というのです。

夢の話を聞くのはいいんです。お茶のみ話であれば、こちらも無責任に話に花を咲かせられます。でも、ビジネスとなると、そうはいきません。

儲からない話はお断り、というのではありません。

ビジネスには、自分たちだけでなく、いろいろな人を巻き込むことになるので、いいかげんには話を聞けなくなるわけです。

シェアハウスをやるとしたら、いくらの家賃で、何人集めて、いくら儲けようと思っているのか。それを聞いたら、彼のほうがトーンダウンしてしまいました。

なにか事業やプロジェクトを考えたときに、「これは社会の役に立つ」と思って始めるのはすばらしいことです。

いま成功しているすべての事業やプロジェクトも、最初は誰かの思いつきから始まったのです。だから夢を持ったり、それを語ることはよいことです。

でも、そこから現実に進めていくには、数字で考えていくことです。

そのシェアハウスは誰が建てるのか。どこに建てるのか。

シェアハウスだから基本的には一軒家が必要でしょう。その土地は確保できるのか。家賃はいくらになるのか。シェアハウスだから、そんなに高くは設定できません。せいぜい2万円から3万円。5人集めて、1カ月の賃料は10万円から15万円です。

こうして数字に置き換えていくと、大きな夢が、小さくなっていくのがわかるでしょう。小さいビジネスなのが問題ではなく、小さいビジネスなのだと自覚することが大切なのです。それがわかったところで、どんなかたちであれば実現可能かを考えていくことができます。

銀行には、こうした相談が毎日、数え切れないほど舞い込んできます。でも、たいていが、数字の話になるとトーンダウンしていきます。

身も蓋《ふた》もないようですが、数字で語れない人は信頼できない、というのが銀行です。

ところで、数字で語るというと、大きな数字を並べることだと思っている人がいますが、そうではありません。そこに実現性があるかどうか、そのストレスチェックをしているかどうか、ということが大切なのです。

たとえばアパートを買うのだとしたら、必ず満室になるとはかぎりません。アパート経営では経費はおよそ20パーセントは見ておくのが通例ですが、その経費は、入居率80パーセントになったとしてもまかなえるのか。そういうことを織り込んで計画を持ってくるのです。

しかも、それは返済期間が20年としたら、仮にいま金利が低くて1パーセントで設定されていても、それが5パーセントになったとしてもお金がまわるのか。そうしたストレスを入れたうえで考えられていたら、「うん、この人は堅実ですね」ということになるわけです。

数字で語れる人には説得力がある

やはり事業プランを数字で語れるかどうかが重要です。

東京の一大事業といえばオリンピック招致《しょうち》ですが、これを決めたときも、その例外ではなかったと私は思っています。

東京での開催は是か非かというところで、いちばん大きな問題となっていたのは原発事故の心配です。日本は、そこをどれだけマネージできるかということが、一つの課題であり、ハードルだったわけです。

それをクリアにしたのが安倍首相のスピーチです。

安倍首相は、福島第一原発の汚染水《おせんすい》問題に懸念《けねん》が出ていることについて「状況はコントロールされており、東京に決してダメージは与えない」と述べました。

さらに、その後の質疑で、それについての詳しい説明を求められたのに対して、

「汚染水による影響は、福島第一原発の港湾内の０・３平方キロメールの範囲内で完全にブロックされている」

と説明したのです。

具体的な数字を出したことで、ＩＯＣ（国際オリンピック委員会）委員たちのニーズに刺さったのではないでしょうか。これが「大丈夫です」とか「問題ありません」というような漠然とした言葉だったら信頼は得られなかったと思うのです。

「０・３平方キロメールの範囲内でブロックされている」と数字を示すことで、説得力が増したのです。

数字は、どれだけ把握しているのかを表せるだけでなく、これから何をどうしていくのかというときにも、より具体的な絵を相手に見せることができます。

ただ「儲けたい」というより、「１００万円儲けたい」というほうが、前に進みやすいと思いませんか。

数字で語ることが大事というのは、それがないと動くことができないからということでもあります。

自分のお金の流れをつかむ

数字で語ることが大切だといっても、「自分は本当に数字が苦手なんだ」という経営者は少なくありません。でも、厳しくいえば、それでは済まないところが経営です。前でもお話ししましたが、数字で語るというのは、大きな数字を出しなさいということではないのです。

そうではなく、自分のお金の流れを把握しておくことが大切だといっているのです。つまりは、家計簿をつければいいことです。

「経営」というから難しいことのように思う人がいるのかもしれませんが、要は収入と支出がわかればいいわけです。

いくら入って、いくら出ていったのか。これから、いくら必要で、いくら足りないのか。足りない分は、我慢するのか、どこからか調達する必要があるのか。

それがわかっていれば、「数字」で語れるのです。

子どもの頃につけていた「小遣い帳」と基本は変わりません。

自分の会社を起こそうと思ったら、あるいは経営を見直そうと思ったら、会社の収入と支出をとにかく出してみることです。家賃はいくらか、社員の給料はいくらか、経費はいくらか、ということを出していけば、1カ月に必要なお金が見えてきます。

それに対して収入はいくらかを見れば、赤字なのか黒字なのかは一目瞭然《いちもくりょうぜん》です。

経営者は、それをしなければならないのです。

もちろん、それは経営者にかぎりません。

起業を考える前に、まずは自分のところの家計簿をつけてみることです。

そうすると、お金の流れというものがわかってきます。

「あれ？　どうしてこんなに通信費がかかっているのだろう」とか、「外食費にこんな使っていたのか」ということに驚くことになります。

会社であれば、収支を見て、足りない分は稼がなければなりません。もしも、それができないとしたら、支出で減らせるものはないのか。そこで判断できるわけです。こうした検討も判断もなしに、起業して船出するというのは危険です。

数字を聞かれても答えられないのです。

だからパッションを熱く語るしかないのかもしれません。

でも、忘れてはいけないのは、それは自分のお金だということです。会社であれば、自分と社員が稼いできたお金です。

それを「わからない」としてしまうことが問題です。

本当にお金のことがわからないのであれば、起業なんかしてはいけない、と私は思います。もしも本当にそうであるなら、それに長《た》けた人と組むという方法もあります。

個人でいえば、天引きでお金を貯めるようにすれば、いま手元にあるものは使っていいことになりますから簡単です。

自分のお金をしっかり管理できているかどうかということが、信頼残高につながっていきます。

銀行と信用金庫の違いを知る

拙著『お金が貯まるのは、どっち!?』にも書いたことですが、私はメガバンクに25年間勤めましたが、独立して法人口座の開設を申し込んだとき、大変厳しい審査をされました。「支店長までやった俺が、なんで?」という気持ちになりましたが、冷静になればわかることです。

メガバンクの主な融資相手は、グローバルに展開する大企業や中堅企業です。そして、そこで働く社員です。たとえいまは大企業にいて銀行と取引をしていても、「独立するから融資してほしい」と窓口に融資を申し込んだ場合には、ほとんど相手にされません。大企業の看板を背に億単位の取引をしている人でも、独立すれば個人事業主です。メガバンクにとっては融資相手ではないのです。

そこで活用するべき金融機関は、信用金庫です。

信用金庫は、個人事業主や零細《れいさい》企業が主な顧客です。新しく事業を起こそうと思ったとき、力になってくれるのは地元の信用金庫です。

しかし、信用金庫が個人事業主を相手にするとはいっても、初めて窓口に来た人に融資を申し込まれても、ネガティブに判断されるのが関の山です。コツコツと真面目に積み立ててきた「信用できる人」にお金を貸したいと考えるのは当然といえるでしょう。

だからこそ、いまのうちから口座を開設し、そこに給与を振り込み、天引きで預金積立をして「信用」をつくっておくのです。

信用金庫に口座をつくり、そこに給与振り込みを指定し、自動積立預金を契約する。この単純な行動が、あなたの人生の選択肢を広げます。

たとえ起業するような機会はなかったとしても、65歳で預金が１０００万円あったとします。メガバンクでは預金が１０００万円ではその他大勢ですが、信用金庫であれば、大切な顧客として扱ってくれます。

これから経済社会もどうなるかわからないことを思えば、メガバンクだからこそ安心感はあるかもしれませんが、自分の身の丈に合う「銀行」とのつき合い方があるはずです。

銀行口座にかぎったことではありませんが、50歳をすぎたら、身の丈に合うということは大事なことだと思います。若いときには多少は背伸びしたり、大風呂敷を広げるようなことをしても大目に見てもらえますが、50歳を過ぎても、それをしているようでは信頼残高は減っていくばかりです。

人間性心理学の最も重要な生みの親といわれる、マズローの提唱した「人間の欲求」で考えてみましょう。

まずは「生理的欲求」「安全の欲求」を満たし、次に、集団の帰属《きぞく》意識を持ちたいと「所属と愛の欲求」「承認（尊重）の欲求」へとより高次になっていきます。でも、自分を目立たせたい、より大きく見せたいというのでは、そこで止まってしまいます。

最高の「自己実現の欲求」を満たすには、私は、「足るを知る」ということが大切だと思っています。

自分の生き方に合う暮らしをする、それに合う人たちとつき合っていくことが、身の丈に合った生き方ではないかと思うようになりました。

借金は悪じゃない

まじめな経営者のなかには、借金をすることが悪いことだと思っている人もいます。
でも悪いのはお金がなくなることで、借金は悪ではないのです。
借金を恐れるというのは、まだお金のリテラシー、つまりお金に対する理解や、活用能力が低いということなんです。

借金にも、いい借金と悪い借金があります。

新しいお金を運んでくれる借金は、いい借金なのです。

「アパート経営」を例にお話ししてみます。

たとえば、私が1億円の融資を受けて、アパートを購入したとします。家賃が5万円だとすれば、10室で1カ月に50万円になります。そのとき、ローンの支払いが毎月15万円だとすれば、差額が私の懐《ふところ》に入るわけです。これはいい借金です。

ところが、車を買った場合はどうでしょうか。車のために３００万円のローンを組みました。その車は、自分が乗るためのもので、お金を運んでくれるものではありません。これは悪い借金です。

借金のいい悪いは、金額の大きさではないのです。

その車が業務用で、利益をもたらしてくれるものであれば、それはいい借金に変わりますが、そうでなければ、キャッシュで購入するべきなのです。

設備投資で工場を建てるという場合でも、そこで生産されるものが毎月のローンを上まわるだけの売上と収益をもたらしてくれるのであれば、それはいい借金になります。

最近はクレジットカードで「リボ払い」を利用する人も多いようですが、これも借金です。利用者に「借金」の意識があまりないところが、より悪い借金になると私は思っています。

時計やバッグや洋服を、借金してまで買う必要があるのか、というのは個人の自由ですが、消費性の借金と事業性のお金を運んでくれる借金とは違うものだということを、まず認識する必要があります。

自己破産はどうして起こるか

住宅ローンを組むときに、たいていの人たちが不安になるのが、返済期間が定年よりも先まであることです。

とっくに定年を迎えて70歳を過ぎても、果たして毎月返済していけるのかと心配になるわけです。それで、退職金が入ったときに、一気に繰り上げ返済してしまう人がいますが、それこそリテラシーの低い人のなせる業といわざるをえません。

たしかに、繰り上げ返済してしまえば、借金はなくなるかもしれません。けれども、同時にお金のない人にもなってしまうわけです。

人生には、思いもかけないことが起きてきます。

自分や家族が急に入院することになったり、水まわりが壊れたり、息子が結婚することになって、「150万円くらい支援してくれないかな」と言われたり、ということがあったときに、お金がないとなったらどうでしょうか。

住宅ローンは、慌てて返す必要のないものです。それだけの期限（銀行では「利益」）を許されて、借りているわけです。それを存分に活用すればいいことです。

毎月の支払いにも困るような金額ならともかく、それこそ、退職金から毎月の分を支払って、できるだけ手元におくようにすれば、なにかと安心です。

定年になっても働けるのであれば、毎月5万円でも10万円でも働いて、それを返済にあてることもできるでしょう。

前でも触れましたが、自己破産に至るのは、借金のある人ではなく、お金がなくなった人です。

会社でも同じことで、借金が多いから倒産するのではなく、お金がなくなるから倒産するのです。

だから借金500万円で自己破産するという一部上場会社社員がゴロゴロいます。

住宅ローンを組んでいる人から見たら、500万円で自己破産するなんて不思議に思いませんか。でも、現実にはとても多いケースです。

借金500万円で破産するのは、20万円とか50万円とか150万円とかのカードローンをいくつも組んで、毎月の支払いが、気づいたら20万円を超えていました、という人です。

3000万円の借金があっても、それが住宅ローン一本だけだったら、毎月の払いは5万円とか7万円ですむはずです。

ところが、借金は1500万円でも、その中身が1000万円の住宅ローンと500万円のカードローンだとしたら、毎月の払いは、3000万円の住宅ローン一本の返済額よりも多いかもしれません。

自己破産する人は、毎月のいわゆるP／L（損益計算書）を把握していないのです。「収入」から「支出」を差し引くと、毎月が赤字になってしまうというわけです。それでは会社も、個人の生活も維持できません。

赤字の分を穴埋めするのに借金をして、どんどん金利の高いところから借りるようになって、借金が雪だるま式に増えていきます。それで破綻。人生は簡単に転がり落ちるものだということも知っておきましょう。

月に一度「P／L」と「B／S」を意識する

銀行は、人や会社を評価するとき、「P／L」と「B／S」しか見ていないといっても過言ではありません。

どちらも会計用語で「P／L」（Profit and Loss Statement）は損益計算書、「B／S」（Balance Sheet）は貸借対照表のことです。

「損益計算書」は、収入（売上）と支出を一覧にしたもので、それで手元にいくらありますか、ということを表しています。

「貸借対照表」は、資産と負債が、いまどれくらいあるのかということを読み取るためのバランスシートです。

資産というのは、たとえば、毎月貯金して金融資産は５０００万円、５０００万円で家を購入、株が２００万円だとしたら、資産の部は合計５７００万円になります。

それに対して、こんどは負債を見ていきます。

住宅ローンを組んだので、これがいま現在は５０００万円残っています。車のローンが２００万円あります。これが負債になります。

５７００万円の資産に対して、負債が５２００万円だとしたら、その人の純資産は「５７００万円－５２００万円」で差引５００万円になります。それが現預金と見合っているかを見るわけです。

会計のことはわからないという人は多いですが、家計簿をつけている人なら、これを見れば、その会社の状況がわかるでしょう。

前で、家計簿をつけることが大切だとお話ししましたが、家計簿をつけている人は少ないでしょう。だから、自分のお金の流れがわかっていないのです。

「自分は会社を経営しているわけではないから、それでもいいんじゃないですか」

という人がいるかもしれません。

たしかに、よほどのことがない限りは、現実には困ることはないかもしれません。

でも可能性でいえば、何が起きるのかわからないのが人生です。

なにより、起業はしていないかもしれませんが、人は誰でも、少なくとも自分の人生の経営は自分がしているわけです。自分の人生では社長なのです。

とくに結婚して家族を持てば、その意識は強くなるはずです。

世帯主というのは、自分の家族の社長になるということです。

その自覚がない人が多すぎます。会社に人生を預け、国に頼り、それが当たり前だと考えているから、自分自身が社長だという認識がないのです。

私にいわせれば、家計簿もつけていないで威張るな、ということです。

全部を人任せにしていいはずがありません。

社長が、決算書も見ていないようでは、その会社がつぶれるのは目に見えています。

どこの世界に、社長が決算書を気にしないで成功した会社がありますか。

毎日である必要はありません。月に一度は、「自分会社」の「P／L」と「B／S」を意識するようにしてください。

それだけで、数字に対する食わず嫌いは消えていくはずです。

資産運用より資産形成が先決

不動産投資やＦＸに興味があるという若い人は少なくありません。

実際に20代、30代の人から相談を受けることもありますが、焦ることはないと答えるようにしています。

資産には、「資産形成」と「資産運用」の二つのステージがあります。

まずは資産形成をして、それから運用へと上がっていくのです。

そもそも資産がなければ、運用もなにもありません。

まずはコツコツと積み立てて、自分の年収分のお金を貯めることです。

若いうちから投資について勉強しておくのはいいですが、それよりも自分の尖《とが》った実績をつくれるように注力することです。

営業なら営業、経理なら経理、生産管理なら生産管理、自分の持ち場で抜きん出るために、目の前の課題に取り組むことです。それが、いまの自分にできる最高の投資になると思います。

私自身を振り返っても、20代、30代のときには、ともかく自分の仕事に全力を傾けて、その結果として、人の何倍もの成績をあげました。そのときの「経験の貯金」のおかげで、いまがあるといってもいいほどです。

不動産投資で、アパートを買い始めたのは44歳のときですから、それまでの20年は、ただただ仕事に没頭していました。

20代、30代の人から、自分の仕事にそれほどのやりがいを持てなかったり、なかなか実績を出せなかったりという悩みを打ち明けられることもあります。

自分が何を期待されているのか、自分は何をしたいのかがわからないという人もいます。

いまの時代は、私の若い頃と比べて、そう単純ではないのかもしれませんが、自分の適性なんて、10年働くうちに、ようやく見えてくるものだと思うのです。向いているのか向いていないのかを悩んで考える前に、他人から期待されていることを10年頑張ってみると、見えてくるものがあります。

ちゃんと資産形成できていれば、そこから資産運用をして、それこそ自分が好きなことを始めればいいわけです。

その意味で、20代から50代までは、「パッケージ旅行」ともいえます。型にはめられた仕事、型にはめられた組織のなかで、期待以上の120パーセントのことをやる。そうすると、50代から80代までが「自由旅行」になります。

50歳までに蓄えたスキルと貯金を元に、資産運用が始まるわけです。

資産運用で大切なのは、お金を減らさないことです。

手元の3000万円を倍にしようなどと考える必要はありません。

インフレになっても困らないように、資産の一部をドルや金に替えておくなど、上手にリスクを分散して、目減りはさせないこと。それだけ知っておけば、資産運用で大きな失敗はないはずです。

今日からできる信頼残高を増やす習慣④

- 数字で語る
- その数字に実現性があるか、ストレスチェックをしてみる
- 家計簿をつける
- 信用金庫に口座をつくる
- いい借金をする
- 借金を一本にまとめる
- 月に一度、「P／L」と「B／S」を意識する
- 自分の持ち場で尖った実績をつくることに全力を注ぐ

第5章

無形資産を蓄える

——自分がしてきたこと、してこなかったこと

あなたは大丈夫？

信頼残高を減らす人の要素

□経験を大事にしない
□転職が多い
□ストレス耐性が低い
□お店や会社にクレームをつける
□「仕振《しぶ》り」が悪い
□失敗を恐れる
□よく遅刻する

自分の引き出しに何が入っているか

土地や建物などの有形資産に対して、物的な実体のない資産を「無形資産」といいます。

正式には、特許や商標権、著作権などの「知的資産」、従業員の持つ技術や能力などの「人的資産」、企業文化や経営管理プロセスなどの「インフラストラクチャ資産」のことですが、私は、もっと広義に、自分の能力や技術、知識や人脈、スキルなどを資産として考え、「無形資産」と呼んでいます。

有形資産も大切ですが、無形資産が有形資産を生み出すことにもなります。

いろいろなジャンルに幅広く精通《せいつう》している人を、「引き出しが多い」と表現しますが、無形資産は、この引き出しの中身に匹敵するのではないかと思います。

自分の引き出しに何を入れていくのか。まだ有形資産を持ちにくい若いときこそ、無形資産をどれだけ増やしていけるのか、ということが大切だと思います。

私自身のことを振り返っても、若いときの経験が、のちに無形資産となって助けられたことがいくつもありました。

なかでも印象深いのは、ユニバーサル・スタジオ・ジャパン（ＵＳＪ）の立ち上げをお手伝いしたときのことです。

私は関西に異動になって、その担当を仰せつかったわけです。いまは大成功しているＵＳＪですが、立ち上げのときには、さまざまな問題を抱えていました。

ＵＳＪは、いまは民間企業が経営していますが、当初は、大阪市が出資する第三セクター事業としてスタートしました。

大阪市は、交流都市への起爆剤になると、とても熱心に取り組んでいましたが、折しも長銀《ちょうぎん》がつぶれ、拓銀《たくぎん》がつぶれ、金融危機の真っただ中の時期であったために、どこの銀行も手が出せない、という状況にありました。

なんといっても、立ち上げの設備資金は莫大《ばくだい》なものです。

当時の銀行は、土地さえあれば、それを拠《よ》り所にしてお金を貸していました。ところが、ＵＳＪの土地は工場跡地で、担保価値がありませんでした。つまり、普通にいったら、融資は下りないのです。

そこで私が考えたのが、「プロジェクトファイナンス」を日本でできないかということでした。

「プロジェクトファイナンス」とは、担保に依存しない、これからのキャッシュフローに着目したお金の貸し方です。

ＵＳＪがオープンすれば、たくさんのお客様が訪れるでしょう。当然、利益は出るはずです。その利益を見込んで融資するのです。

海外では当たり前に行われていた融資の方法でしたが、日本ではまだ例がありませんでした。そのスキームを提案してみたのです。

そして、そこで勉強したこと、経験したことが、あとでどれほど役に立ったかしれません。

転職でステップアップできるか

転職は損か得か、といったら、融資を受ける前提があれば、それは損だということになるかもしれません。

ローンの申込書には、いくつかの記入項目があります。

住所を書き込む横には、戸建てかマンションかアパートか、さらに持ち家か賃貸かを書き込む欄があります。

明らかに持ち家のほうがいいわけですが、それはなぜかといえば、逃げられないからです。持ち家ならば、そこから突然いなくなることはないので、当然、ローンを組んでも、ローン会社からすれば、取りっぱぐれることがないと判断できるわけです。つまり、賃貸よりも、持ち家のほうが、その意味で信用されやすくなります。

勤務先の欄には、勤務年数を書き入れるようになっています。転職が損だというのは、ここで3年以下の年数の場合には、信用度が落ちるからです。

20代であれば、勤続年数が短くても当然ですが、30代、40代になって、「勤続２年」では、ローン会社の人でなくても心配になります。それよりは、「勤続19年」「勤続32年」というほうが、やはり安心です。

銀行員的な視点で見るなら、勤続３年以下の転職を何度も繰り返すようでは、普通はマイナスです。けれども、そこに同じ業界や職種の連続性が認められれば、それはそれで理解できます。

終身雇用が当たり前でなくなった昨今では、転職経験のない人のほうがめずらしいくらいではないでしょうか。

たとえば、より大きな会社に移った、年収が増えた、ということであれば、転職してよかったということになるでしょう。

そうした条件ではなく、転職したことで、それまでよりもやりがいの持てる仕事につけた、ということでも、いい転職になったといえるでしょう。要は自分が、新しい転職先で、どれだけ納得できるのかではないでしょうか。

ストレスに強くなる

職場の人数が多くなればなるほど、いろいろな人がいます。

朝から機嫌の悪い人もいれば、自分の好きな人にだけ愛想がいいという人もいます。

私は、こういう人はルール違反をしていると思うのです。

職場であれば、そこはみんなが働いているわけですから、朝会ったら、「おはようございます」を言うのは、社会人としての最低限のマナーではないでしょうか。

信頼残高について考えてみたときに、いちばんつまらない残高の減らし方が、人間関係のトラブルです。

他部署の人間と揉めたり、上司に逆らったり、というのは、それなりの理由はあることかもしれませんが、あまり賢い仕事のしかたとは思えません。

まずは、つまらないことで、腹を立てないことです。

ストレス耐性の低い人は、がまんができません。

「イヤなものはイヤだ」というのは正直かもしれませんが、大人のすることではありません。

仕事であれば、上司に従わなければならないこともあります。理不尽に、頭を下げさせられることもあります。

私自身、そんなことで悔しい思いをしたことは数え切れないほどありますが、そのたびに会社を辞めていたら、私自身の人生はもちろん、家族の人生も崩壊していたでしょう。

人生のここ一番では、絶対に引けない場面もありますが、それほどでもないことは流してしまうくらいの余裕を持ちましょう。

「仕振り」のいい人

「ここの社長はこんな人です」ということを説明するときに、私のいた銀行では、「仕振りがいいです」とか、「仕振りが悪いです」という言い方をしていました。

「仕振り」というのは、行儀がいいかどうかということです。

信頼できる人かどうかという評価は、数字には表れないものです。

それを補うのが「仕振り」という言葉だったのです。

「仕振りがいい人」の共通点をあげれば、次の通りです。

- □ **時間を守る**
- □ **自分のことだけ考えない**
- □ **虚勢を張らない**

□　すべての人とWin-Winの関係をめざす
□　相手によって態度を変えない

最後の「相手によって態度を変えない」というのは、当たり前のことのようですが、案外、そうではないということが多いのです。

こんなことがありました。

銀行で「お客様の会」のようなパーティーを開いたときのことです。

ある仕振りの悪い社長が、クレームをつけてきました。

「銀行員のお酒の持ってき方が悪い」

会場は一気に、しらけた状態になってしまいました。

たしかに、なにか粗相《そそう》があったのかもしれません。けれども、ほかのお客様がいることを思えば、その場でクレームをつける必要があったのかと、いまになっても思います。

私と同じように思った人が多かったのか、そのクレームをつけた社長のまわりには誰も寄りつかなくなってしまいました。

銀行員に対して、自分のほうが偉いと思っている経営者は少なくありません。役職がついていない銀行員に対しては、露骨《ろこつ》にそれを態度に表します。

そういう人が勘違いしてしまうのが、カウンターパートナーに、支店長や役員などの上の人しか見ないことです。

本人には、その自覚がなくても、現場の担当者を下に見ているのです。

ところが稟議《りんぎ》を起こすのは、現場の担当者です。

しっかりした経営者ほど、現場の担当者を大事にします。

ダメな経営者は、それがわからないのです。

一時期、儲かっている会社がありました。

担当地域だったので、何度かうかがいましたが、そこの社長は、いつも高圧的で、レートでも何でも叩くだけ叩くのです。

「これはダメだ」と思って、それ以来、訪問するのをやめてしまったのですが、それから1年余りで倒産してしまいました。

会社というのは、そんなものです。

品性がなく、仕振りが悪くて、自分だけよければいい、というようなことでは続いていかないものです。一時はよくても、ちょっと悪くなれば、そんな会社も、社長個人のことも、誰も助けたいとは思わないものです。

大切なのは、仕振りからくる信頼です。

「そんなものは会社の業績には関係ないじゃないか」と思うかもしれませんが、とくにいまの時代は、お客様に応援される企業であることが、より大きくなっていく要素のように思います。

日ごろの「仕振り」は、侮《あなど》れないと思うのです。

信頼が新しい人脈を生む

営業マン時代は、つねにトップセールスを保持していましたが、お客様のところに行って、積極的に商品の説明をした記憶があまりありません。

私の営業は、お客様である会社や個人のお宅にうかがって、お客様のお話を聞くことでした。

「新しい仕入れ先を探しているんだけど」

「息子がなかなか結婚しなくて……」

「誰かいい営業マンはいないかな」

そんな話を聞くと、ムクムクと力が湧《わ》いてきて、お客様の問題解決に一肌も二肌も脱ぎたくなってしまうのです。

銀行の担当者としてというより、「なにか自分にできることはないか」ということで動いていたような気がします。

営業マンだからノルマはありました。けれども、そんなものは何とでもなると思って、お客様にそうした営業をするということは、あまりなかったです。

でも、そうなるとお客様のほうが気にして、積極的に営業に協力してくださったりしました。人脈も、お客様によって広げていただいたようなものだと、いまも感謝しています。

お世話になった方たちは、どなたも信頼残高の高い人ばかりでしたが、類は友を呼ぶものです。

その方たちが紹介してくださった方たちもまた、同じように信頼残高の高い人たちでした。

「私がなにか寄与《きよ》できることがないか」

「私の人脈で役に立てることはないか」

そんなふうに思って、おつき合いしてくださるわけです。

そうなると、その輪から、人脈はどんどん広がっていきました。

私がここで気をつけたことは、この輪にふさわしい品性を身につけることと、何か自分が貢献できることを見つけることでした。

もう一つ、つけ加えるとすれば、私の出会った幸せなお金持ちは、家賃収入のある人たちでした。私が不動産投資に興味を持ったのは、この方たちとの出会いがあったからです。

出会う人で人生は変わるといいますが、その通りだと思います。

自分の失敗を語れる人

「私、失敗しないので」

これは人気ドラマの名台詞《めいぜりふ》だそうですが、そんなふうに言う人生は厳しいなと思いました。思わず、「失敗してもいいんじゃないの」と言ってあげたくなります。

それはともかく、私は人に会うと、自分の失敗談をするようにしています。それをすることで、相手との距離が一挙に縮まるように思うからです。

自分のダメさ加減をさらしてしまえば、虚勢を張ることもありません。

カッコつけようとも思いません。ありのままの自分で、その人と向き合えばいい。そう思っています。

出版社の人にこの話をしたら、「成功した話も教えてください」と言われました。

たしかに、自分でも「うまくいったな」「成功したな」と思うことはあります。

でも、「成功したこと」というのは、タイミングとまわりの人の力のおかげであることが多く、その人の実力とは言いきれないことも多いのです。

けれども、失敗は再現性があります。

「失敗しないので」というのは、ドラマの世界の話で、失敗したことのない人なんていないのではないでしょうか。

もしも、自分の人生で、失敗したことがないという人がいたら、それは、何もしてこなかったからです。

なにか新しいことをしようとしたら、必ず失敗します。

最初から全速力で走れる赤ん坊はいません。どんな人も、あっちに転び、こっちに転んで、歩き方を学んだのです。

自信のない人ほどブランドもので飾って、自信のなさ、自分の弱さを補完しようとしますが、そんな虚勢は、銀行員は一発で見破ります。

ありのままにやっていけば、すごく楽です。そして、虚勢を張らないことが信用にもつながっていくのです。

完璧であろうとする必要はない

誰にもミスはあります。

「書類を書き間違えた」「時間に遅れた」

「ダブルブッキングした」「勘違いで怒鳴ってしまった」

相手の「信じられない」という言葉が聞こえてきそうです。

これで信頼残高はガタ落ちだと思うかもしれませんが、同じミスをしても、信頼残高が減る人と減らない人がいます。

そのいちばん大きな違いは、日ごろの信頼残高によって変わります。

たとえば、「時間に遅れた」というとき、いつも遅れる人は、「またか」と思われて、信頼残高は、そこでまた減ってしまいます。

ところが、ふだんからきちんとしている人、他のことで、相手との信頼関係ができている人は、一度遅れたくらいでは、信頼残高に影響はほとんどない、といっていいでしょう。

では、まだ、それほどの関係でもないときには、どうしたらいいのか。

なにかミスをしたときに大事なことは、嘘をつかないということです。

本当は寝坊したのに、「電車が遅れまして」とか「急用が入って」といってごまかす人がいます。

一つ嘘をつくと、また嘘をつかなければならなくなるのが人生の法則です。

だったら、最初から本当のことを言って、謝るのです。

もともと、電車が5分くらい遅れても間に合うように、家を出なければいけなかったのです。電車が5分遅れたから遅刻したというのは、理由になっていません。

時間を守るというのは、信頼残高に大きく影響する大切なことです。

本当に電車が30分遅れたなら、事前に連絡することです。

約束の20分前には連絡を入れておく。会社のなかでも同じことです。

遅れるのが5分程度のとき、「逆に、いま電話をかけるのは迷惑になってしまうかな」

と、判断に迷うことがあります。

でも、それは違います。そのとき悩んだのだとしたら、電話したほうがいいのです。自分の信頼や信用に関わることについては、それくらい神経質になってもちょうどいいというふうに思いましょう。


事前に連絡するという行為は、相手の自己重要感を満たす効果もあります。


相手の人からしたら、４～５分遅れることなんて、たいしたことではないのです。でも、「自分を大事に思ってくれているから、こういう連絡をしてくれたんだ」と思うと、遅れたことよりも、それで信頼が増すということがあります。

遅れるか、遅れないかが問題なのではない。その人の重要性の証拠になるのです。

時間に遅れることなんか、誰にでもあることです。

でも、「いま改札を出ました！」――この一本の電話が、すべてを伝えてくれるのです。

今日からできる信頼残高を増やす習慣⑤

- したことのない経験をする
- いまの仕事でやりがいを増やす
- 腹を立てない
- すべての人と、Win-Win を目指す
- 自分が貢献できることを見つける
- 自分のダメさ加減をさらしてしまう
- 5分後に着くとしても、電話する

第6章

自分が操縦桿を握る

――この人生の主導権は誰にあるか

あなたは大丈夫？

信頼残高を減らす人の要素

- □相手によって態度を変える
- □タクシーの運転手にタメ口をきく
- □靴が汚い
- □ダイヤモンドで飾られた時計がお気に入り
- □人のせいにする
- □話し好き
- □困っていることを隠す

看板を自覚する

「銀行」というのは信用第一。お客様に対しても信用を求めますが、自らも「銀行」の看板を背負っている以上、信用されなければなりません。

「持ち逃げされるかもしれない」と思ったら、お金を預けてくれる人はいなくなってしまいます。

いままで自分に怒鳴っていた課長が、部長が顔を見せたとたん、笑顔をつくっているのを見たら、どうでしょうか。「この人だけは信用できない」と思うのではありませんか。けれども、相手によって態度を変える人というのは、案外多いものです。

タクシーの運転手にぞんざいな態度をとったり、レストランなどで大声で文句を言ったりという人を、あなたも見たことがあるでしょう。

その人が信用できるかどうか。それを見極めるということでは、銀行員は「人を見るプロ」だといってもいいでしょう。

たとえば住宅ローンを組む場合には、20~30年にわたってお金を返してもらうわけです。途中で、「やっぱり、やーめた」となっては困るわけです。

これからの人生の大半をかけて、きちんと返済してくれる人かどうかを見る。これが銀行員の仕事の本質だと私は思っています。

それがバブルのときには土地偏重《へんちょう》になってしまいました。当時は、土地を持っていれば半年後、1年後になれば価値が上がったので、そこに信用を依存して、100パーセントお金を出すということをしたわけです。

ところが、実際は土地は上がらず、1989年12月を境に景気は転がり落ちていきました。そこで死屍累々《ししるいるい》が生じて、国の税金で助けてもらって、銀行はいまがあるわけです。銀行員は、このことを絶対に忘れてはいけないのです。

お金は、土地やものではなく、人に貸さないと駄目で、その人の信頼性をきちんと審査して、供与することが銀行の本分です。

バンカーが単なる金貸しであってはならない、ということを、元バンカーとして強く思っています。

何の職業にかぎらず、自分の本分は何かを自覚することは、とても大事だと思います。

銀行員であれば、そこの銀行の看板を背負って、毎日お客様と接するわけです。そうして見ると、誰もがなにがしかの看板を背負っていると私は思っています。自分は客商売じゃないから関係ない、という人がいるかもしれません。「自分には看板なんてない」という人もいましたが、どんな人でも、最低限、「自分」という看板は背負っています。その看板を自覚することです。

本を出版すると自分の名前が出ます。自分の名前が表に出ることで、いいこともあれば悪いこともありますが、本を出す前から、自分は自分として生きてきました。どんな人も、自分から逃れることはできないという点では同じではないでしょうか。

自分の本分を果たすこと。その自覚ができる人ほど、信頼残高を積み上げられるように思います。

自分が人生の経営者になる

「こんなはずじゃなかった」

あなたは自分の人生を、そんなふうに思ったことはないでしょうか。

たいていの人が、毎日の生活に不満を持ちながら、「でも、どうしようもない」と思って、今日という日を過ごしているのではないでしょうか。

そんな毎日から解放されるには、自分が自分の人生の経営者であるという意識を持つことです。

そして、きちっと数字を押《おさ》えておくことが、すなわち経営のキモです。

ところが、それをないがしろにしていて、国に頼っていたり、会社に頼っていたりしているから、心細くなるし、不安になるのです。

あなたは操縦桿《そうじゅうかん》をどこで握っているのですか、ということです。

会社では社長に握られ、年金は国に握られ、自分で稼いだお金すら自由に使えず、人生の経営者であるあなたは、何を操縦しているのかということです。

社会人にとって20歳から50歳までの30年間が第1ステージで、50歳から80歳までの30年間が第2ステージです。

自分が人生の経営者であるなら、それぞれのステージで目標なり、目的なりを立てることです。30年間は長すぎると思うなら、ステージを３つのステップに分けてもいいでしょう。

第１ステージのステップ１である20代では何をするのか、ステップ２の30代では何をするのか、というふうに、自分会社の社長としての「経営方針」を立ててみるのです。もう第１ステージは過ぎてしまったという人は、過去を振り返って、自分が何をしてきたのかを考えてみましょう。

経営方針ですから、お金のことも、いえ、お金のことこそ、きちっと把握して、考えておかなければなりません。それができれば、「こんなはずじゃなかった」と思うことなどなくなるはずです。

●自分会社の経営方針を立てる（自由に書き込んでみましょう）

第1ステージ			第2ステージ		
ステップ①	ステップ②	ステップ③	ステップ①	ステップ②	ステップ③
20代	30代	40代	50代	60代	70代
【例】メガバンク入行。トップセールス。	【例】貯蓄は手取りの2割。資産形成に着手。	【例】アパート経営スタート。独立準備。	【例】独立。カフェをオープン。	【例】社会貢献。少子化対策に全力。	【例】海外&山形生活。どこにでも行ける自由。

何にお金を使うのか

自分で操縦桿を握るというのは、何もかもを自分で決めていくということです。「なんでもいい」では、その責任を果たせないことになります。

どんなものを身につけるのかということにも、自分なりの考えを持つことです。

私が心がけているのは、身分不相応なものは持たないということです。

前にもお話ししましたが、たとえば30代の社長で、ダイヤの入った大きな時計をしているだけで、この人は駄目だなと思います。

その人の身なり、服装、第一印象は、そのまま信頼残高に直結しています。

とくに、靴には気をつけています。

靴は一目見ただけでは、どこのブランドかわかりづらいものです。でも、だからこそ、そこにお金をかけたいと私は思っています。

靴が汚れていたり、安物だったりすると、いくら服やその他がいいものでも、品性がないスタイルになりやすいのです。逆に、靴さえきちんとしていたら、他は安物でも、なんとなく格好がつきます。

私は一足20万円のジョン・ロブの革靴を、しっかりと手入れしながら、もう10年間履いています。高価なものでも、長く使えば費用対効果は高くなります。

ものを買うときに、考えるべきことは二つあります。

一つは、それが人から見られたときに、信頼してもらえるかどうか。華美《かび》に映らないかということとは、とくにビジネスマンには大事です。

もう一つは、収支のバランスをしっかり考えて見ているかどうか。

ボーナスが入ったからといって、すぐにピンポイントで高いものは買わない。しっかりと貯めたお金で、収支のバランスを考えたうえで、自分は何にお金を使うのかを考えて、購入するようにしましょう。

保証された人生なんてない

なんとなく「この人とは仕事をしないな」と思うような人がいます。

人に言われたことだけをやって、おとなしくしている。一見、仕振りのいい人に見えますが、何でも他人任せなのは、じつは根本に「自分」しかない人です。

「自分がかわいい」「人に嫌われたくない」「悪い印象を持たれたくない」「仲間外れにされたくない」と思って、人の言うことを聞いているだけです。

そうすれば、自分で責任をとる必要がありません。

たとえ失敗したとしても、「私は言われた通りにしただけです」となります。

自分ではリスクをとらず、逃げ道を用意しているわけです。

こんな人と一緒に仕事をしたら、いつ裏切られるかわかりません。

こういう人は、人生の操縦桿を人に預けているようなものです。

そのくせ、ちょっとでも道を間違えたりすると、「こんなはずじゃなかった」と相手を責めます。他人に操縦桿を預けたら、文句を言ってはいけないのです。

そんな人生は、つまらないと思いませんか。嫌われない人は、好かれているかというと、案外、そうではなさそうです。失敗しないことが、いい人生とはかぎりません。

本当に自分がかわいいなら、リスクをとっていく覚悟をもつことです。

失敗してもいいから、自分で人生の操縦桿を握ることです。

自分を社会に活かすことで初めて、あなたが生きるのです。

企業が融資を受ける場合には、社長がその保証人になります。社長は、そうして自分の会社を経営していくわけです。

自分の人生は、自分で保証していかなければなりません。たとえ借金の尻ぬぐいをしてくれる人がいたとしても、人生の尻ぬぐいは自分でしなければならないのです。

人生は自分のものだということを自覚することです。

自分の無形資産を活かす

私の経営しているカフェは、坂の途中にあって、店内に入るとすぐに数段の階段があります。

先日、大きな荷物を持った女性が来店されました。

私はすぐに入り口に駆け寄って、その荷物をとって女性をエスコートしました。

自分の店に来てくれたお客様ですから、当たり前のことをしただけですが、その女性は、「こんなことされたことない」と言って、喜んでくれました。

ちょうど他のお客様もいなくて、なんとなくおしゃべりが始まったのですが、聞くと、その方の仕事は、個人のお宅に行って、料理をつくることだというのです。

その日も、仕事の帰りで、大きな荷物は料理の道具だったのです。

お若く見えましたが、「もう76歳なの」と教えてくれました。

もともとは専業主婦をしていたのが、ご主人と死別されて始めたのが、いまのお仕事だそうです。

ホームページもSNSも立ち上げていませんが、口コミで広がって、1カ月のうちにほとんど休みも取れない状態だそうです。

それがつらいとは思われないようで、ニコニコしながら、「私はとにかく自分のつくった料理を、おいしい、おいしいって食べてくれている瞬間の笑顔を見ると、本当に癒される」と言っておられました。

なにか始めたいと思っても、「自分には何もない」と思っている人は多いと思いますが、そんなことはありません。

人それぞれに無形資産が必ずあります。

考えてみたら、なにも５００人とか６００人のひとに喜んでもらう必要はないのです。

たとえば５人の顧客がいて、そこから５万円ずつもらえる仕事ができれば、１カ月25万円になります。

会社としてやろうとすれば、いろいろな経費がかかってしまいますが、まずは自分で手を挙げて、それを始めてみればいいわけです。

少しの勇気と覚悟で、自分で操縦桿を握るのです。

銀行員の「SOS」に乗るな

銀行員時代、営業で、その会社の社長や部長に会うと、いろいろな話を聞きました。たいていの偉い人は話し好きで、それこそ、日本の未来から、ご自身の過去の武勇伝まで、どんどん話は大きくなっていきます。

ところで、そんなシチュエーションに使える「銀行員のSOS」というのがあります。それは、

S＝「すごいですね」

O＝「教えてください」

S＝「さすがですね」

このSOSを連発しているときの銀行員の気持ちは、もう次の顧客のもとに向かっています。

聞いていても、そこから始まるものは何もないと見越しているからです。

そういうときの偉い人のお話は、たいていが、新聞や雑誌に書かれたことの受け売りです。また、その大半が世の中や現代社会を批判する内容です。

「自分は世の中のことに精通しているんだ」という顔をして話をされますが、「現場のことは何もわかっていない」と思われていることに、まったく気づきません。

実際に、社長や部長になると、社員や部下と直接、話をする機会が少なくなります。大きい会社ほどそうですが、小さな会社でも、たとえ顔を合わせてはいても、社員が本音を言わなくなれば、同じ状況になります。

銀行員の「SOS」などに乗っている場合ではありません。

「事件は現場で起きているんだ」ではありませんが、会社のトップが、現場の声をどれだけ聞いているかで、その会社の行く末が見えてきます。

社員のほうでも、「うちの社長はバカなんだ」というようなことを口にする人がいますが、「だったら、そのバカな社長の下で働いているあなたは何なのですか」という話です。

どんなことでも、人のせいにしてはいけない。

人生がうまくいかないとしても、世の中のせいにも、上司や部下のせいにもできないのです。逆にいえば、人のせいにしない人がうまくいくのです。

自立するということです。

独立しなさい、といっているのではありません。

上司のせいにもしない、部下のせいにもしない、ましてや世の中のせいにもしない。

うまくいくもいかないも、自分の操縦次第です。

だから人生は楽しくなるのではないでしょうか。

困っていることを隠さない

融資を受けたいときというのは、つい、いいことばかりを言ってしまいたくなるものです。

へたなことを言って融資が下りないと困る、ということもあります。

でも、銀行が聞きたいのは、現場の実態・数字です。

資金繰りはどうなのか、決算はどうだったのか、ということを知りたいわけです。

銀行員時代、毎月、試算表を持ってくる経理課長がいました。

「今月はこんな数字でした」といって、その月の状況を知らせてくれるのですが、こちらが要求したわけではありませんし、そんなことをする必要もないのです。

それでも毎月、きちんと足を運んでくれました。

その会社、その人の慣行《かんこう》だったのかもしれませんが、なかなかできることではありません。

その課長が来行されるたびに信頼残高が貯まるようなものです。

そうなると融資が必要になったときにも、決算書のいい悪いの問題ではなくなるわけです。


実際、銀行の立場からしても、毎月の情報がもらえていると、実態がわかってストーリーを組みやすくなります。

当事者意識も生まれて、銀行のほうが、「この会社をなんとかしたい」と考えるようになるのです。


「試算表を持っていきたくても、数字が悪すぎて見せられません」

という経営者は多いと思いますが、そういうときこそ相談に行くべきです。

融資を受けているなら、銀行はステークホルダー（利害関係者）です。

同じ目線に立って解決策を一緒に考えてくれるでしょう。

もちろん、いきなり行っても、それはダメです。

信頼残高がどれだけあるかで、銀行との関係は変わります。

ここでいう「銀行」とは、一つのたとえで、「家族」や「社員」とも置き換えられるかもしれません。


まずは自分をさらけ出してみることです。


そのうえで、味方になってもらうと、思わぬ援軍が現れるかもしれません。

そうして人生を動かしていくのです。

今日からできる信頼残高を増やす習慣⑥

- 威張らない
- 「自分会社」の経営方針を書き出す
- 靴を大切にする
- 「言われたとおりにしただけ」と言わないようにする
- 自分より弱いものを大切にする
- 趣味を持つ
- 人間関係を大事にする

第7章

ピンチをチャンスに変える

——「人間万事塞翁が馬」の精神

あなたは大丈夫?

信頼残高を減らす人の要素

- □ふてくされる
- □気持ちの切り替えが遅い
- □何を期待されているかがわからない
- □自分を責める
- □何事にも出しゃばる
- □ピンチで逃げる

ふてくされても人生は拓けない

信頼残高について、またその増やし方について、いろいろなかたちでお話ししてきました。信頼残高を貯めるというのは、人に対してのものですが、それには、まずは自分自身を信頼しなければならない、ということではなかったかと思います。

自分自身を信頼する、というのは、言葉にすると当たり前で、簡単なことのように思えますが、それが難しいということが人生には何度もあります。

自分が信じていたことが簡単に覆《くつがえ》ってしまう。あなたにも経験があるのではないでしょうか。

私も銀行員時代に、そうした体験を何度もしました。

この本の最後の章として、それらのことを振り返りながら、自分が自分をどう信頼していくのかということについて考えてみたいと思います。

私がメガバンクといわれる銀行に就職したのは、1983年のことです。1986年12月から1991年2月までを「バブル」としていますが、まさに、その前夜といわれるときでした。

銀行は個人担当、法人担当とありますが、「法人」が花形で、行員はみんな法人担当をしたがります。私も法人担当でしたが、トップの成績を買われて、個人担当に行かされたことがあります。

「これからは個人に投資信託を売るべきだ」と上司からは説明を受けました。

新たなマーケットとして、投資信託と住宅ローンを収益の柱にしていくというのです。ついては、「意欲のある人間を抜擢《ばってき》する」という大義名分のもと、私に白羽の矢が立ったわけです。

「なんで自分が個人にまわされるんだ」

普通は、くさります。けれども、ここで頑張るしかないと思いました。

個人部門の収益の大きな柱は、投資信託とアパートローンでした。

投資信託は問題なかったのですが、アパートローンはなかなか難しかったのです。

当時はいわゆる土地担保依存です。

大きい土地を担保に、融資するわけです。

たとえば駅から徒歩20分もある１００坪の土地にワンルームを建てても、借り手はなかなかつきません。

対して駅前2分で30坪の土地がある。

両方にアパートを建てるとして、前者はフルローンが出るのに、後者の30坪の土地では、自己資金として２０００万円が必要になるのです。矛盾《むじゅん》していました。

このとき、大阪のＵＳＪで提案した「プロジェクトファイナンス」を、アパートローンに採用できないかということを本部に申し入れました。

実際、それはすぐに実現されて、私の支店でも、業者を呼んでの説明会を開きました。すると、現場の人たちから、「ずっと矛盾を感じていたんですよ」という声が聞こえてきました。この改革に賛同して、やりがいを持ってくれたのです。

プロジェクトファイナンスのことを勉強していなかったら、実現しない改革でした。くさりたくなるような状況でも、気持ちを切り替えられたのがよかったのかもしれません。また、公平に理解して、実際に改革してくれた人にめぐり合えたこともラッキーでした。

もしも、大手企業担当のままでいたら、いまごろはダメになっていたと思います。

中国の故事に、「人間万事塞翁が馬《にんげんばんじさいおうがうま》」という諺《ことわざ》があります。

運命は予測しがたいもので、「幸せが不幸に、不幸が幸せにいつ転じるかわからないのだから、安易に喜んだり悲しんだりするべきではない」というたとえですが、まさに、何が幸いするかはわからない。当時のことを振り返って、そう実感せずにはいられません。

どうすれば収益化できるか

銀行員は転勤がつきものですが、他の会社に出向させられることもめずらしくありません。40代になると、そういうケースはとくに多くなります。

私も出向させられたことがありますが、それはまだ30歳のときでした。銀行の関連会社で、牧場を運営している会社です。

しつこいようですが、私はつねにトップセールスでした。上から呼ばれて、「栄転《えいてん》かな」と思っていたら、「牧場」です。

「そこで収益を上げてこい」というのですが、正直なところ、「なんで俺が、そんなところへ行かなきゃいけないの」と思いました。

でも、「人間万事塞翁が馬」です。

栃木県の那須塩原《なすしおばら》インターを降りたところから、広大な牧場が広がっていました。

そこには、塩原温泉から降りてきた人たちが、立ち寄って牛乳を買うなどしています。その数は年間100万人を下らないというのです。

場所はいいのですが、施設も老朽《ろうきゅう》化して、ひどい状態でした。

「ここをもっと活性化できないか」ということで、コンサル会社と一緒に、牧場の観光開発で収益化できる仕組みを考えることが、私に与えられた仕事です。

まずは、そこに寄ってくれる団体バスの運転手さん、ガイドさんにインタビューしてみました。

「どうしたらもっと多くの人が立ち寄ってくれるようになると思いますか」

すると、どの人も、「それならトイレですよ」と答えるのです。

そのときに初めて知ったのですが、団体バスの行程で、どこで休憩するかは運転手とバスガイドが決めているそうなのです。

トイレがきれいだと、バスのお客様も喜んでくれるし、運転手さんたちも気持ちがいい、というわけです。

私は「これだ」と思って、すぐに稟議書を書きました。

トイレの建設は、瞬《またた》く間に着工されたのですが、そのときに銀行の取引会社である建設会社に仕事を依頼しました。

ところが、この担当者の仕事が、信じられないほど遅いのです。

相手は年上でしたが、まったく改善されない態度に、とうとう頭に来て、大声を出してしまいました。

相手もバツが悪かったのか、こんな捨て台詞を残していきました。

「菅井さんは銀行員でしたよね。義理の兄が、おたくの銀行の本部にいるんですよ」

私はそのとき、銀行に戻るつもりもなかったので、まったくに気にせず、それはそれで終わりました。

それから、牧場のほうはなんとかうまくいって、出向から2年で、私は銀行に戻ることになりました。

戻された先は、本店営業部。銀行員なら誰でも憧れるエリート部署です。

取引先も超が3つくらいつくような大手ばかり。牧場から一転、東京のど真ん中への異動ですから、私はそれこそ張り切って、それまでにも増して仕事に没頭しました。

しばらくすると、上司が替わりました。

就任の宴席で、新しい上司にお酌《しゃく》をしにいきました。

「菅井です。よろしくお願いします」

「ああ、菅井君か。義弟から聞いているよ」

そこで気がつきました。新任の上司は、牧場のトイレを建設したときに私が怒鳴った男の「義理の兄」だったのです。

そこからは、あっという間でした。

1カ月後には、当時、旧神戸銀行が本丸としていた関西に異動になったのです。

異動を言い渡された日は、すでに覚悟はしていたものの、「人間万事塞翁が馬」なんて思う余裕はありませんでした。

何があっても生き方は変えられない

私は三井銀行出身で、関西には行ったことさえありませんでした。
当時、関西の本丸は、旧神戸銀行のある神戸です。
私は大阪担当といわれました。大阪や京都は外様《とざま》が担当するのです。
本店営業部から、関西の地域開発部へ。
本店営業部の上司からは、はっきりとこう言われました。

「菅井君はずっと第一選抜だった。けれども、そうではなくなった」

終わった、と思いました。私は、まじめに、情熱をもって仕事をしていただけです。
おかげで実績も上げることができた。いい人たちにも恵まれた。そう思っていました。

けれども、そんな理不尽なことなんて、たくさんあるのです。

だからといって、ここで人生を狂わせてしまうのはイヤだと思いました。

逃げるのは簡単です。

まだ30代だったのです。転職する道もあれば、出世はしなくても銀行に残って、安定した給料だけを確保するという道もありました。

でも、いま振り返って思うのは、結局、どんな状況になっても生き方を変えることはできませんでした。

私は、与えられた場所で、期待されていることを一生懸命にやるだけです。

そう思えたから、ＵＳＪの仕事も、前向きに取り組むことができました。阪神・淡路大震災を経験した関西を元気にしたい、大阪を活性化させたいと本気で思いました。

いまＵＳＪは大成功しています。ホテルの稼働率は90パーセントだそうです。

私一人の仕事はたいしたことはなかったかもしれませんが、ワクワクするものがあったから、粘《ねば》り強くやれたのだと思います。

失敗を失敗として受け入れる

ピンチはチャンスに変えられるといわれますが、うまく乗り越えられなかったということもあるでしょう。

そのときの失敗を、いまも引きずっているという人もいるかもしれません。

どうして、そうなってしまうかといえば、失敗を失敗として受け入れられていないからではないでしょうか。

自分の失敗を認めるのはつらいものです。

つい言い訳をしたり、正当化したり、ということをしてしまいがちです。

でも、昔の言葉ではありませんが、「お天道様《てんとうさま》は見ている」のです。

どうして失敗してしまったのか。

「自分にも傲慢なところがあったからだ」

「自分が焦ってしまったからだ」
「あのことを言わなかったからだ」
「つい逃げてしまったからだ」
そんなふうに本当は思っているのに、「でも、あの人が悪い」といって、自分をごまかしてはいないでしょうか。

どんなことも、誰か一人だけが悪いということはないものです。

自分も悪かったし、相手も悪かった。まわりも、タイミングも悪かった、というのが、真実ではないでしょうか。

だから自分だけを責める必要はありませんが、自分は悪くないと言い張るのも、少し無理があるわけです。失敗は失敗です。でも、その失敗が人生の肥《こ》やしになります。

それを認めたところに、「成長」というのはあるように思います。

窮地《きゅうち》に立たされるとき

関西での実績が認められて、２００３年、横浜の支店で、初めて支店長になりました。42歳のときです。

そして、その2年後、こんどは東京の支店の支店長に就任しました。

銀行のなかでも大きな支店で、異動が決まったときにはうれしかったものです。マーケット的に、アパートローンの需要が多いエリアだったということも幸いしました。自分でいうのもナンですが、私のように不動産の話のわかる支店長は、「いままでいなかった」と言われて、噂が噂を呼んで、私のところに新しい案件がたくさん持ち込まれるようになったのです。

当然、数字もガンガン伸びて、銀行のなかでも成績がトップになるといった具合で、まさに私は、水を得た魚のように、積極的に仕事に取り組んでいました。

そんなある日、日曜日の休日相談会のときの話です。

「休日相談会」というのは、サラリーマンなど休日にしか相談に来られない人のために、休日に銀行を開けて、投資信託などの相談会を開催することです。

支店長の立場としては、休日相談会に出た行員には、代休を与えなければなりません。エース級の行員には、お客様のより多い平日に働いてもらいたいために、休日出勤させたくないという気持ちがありました。

それで、まだ2年目の経験の少ない行員と私の二人で出勤することにして、なにかあれば自分がカバーすればいいと考えました。

もともと、休日相談会には、それほどお客様は来るものではないということもありました。ところがその日は、お客様がいらっしゃいました。

その人は、2000万円の入った通帳を示しながら、「これを資産運用したい」とおっしゃったのです。

そこで2年目の行員に説明させたところ、案の定、うまくできません。

私が説明すればいいじゃないかと思われるかもしれませんが、支店長が自ら営業してはいけないという決まりが銀行にはあります。コンプライアンス上、商品を説明したり、そこで約定《やくじょう》したりというのはルール違反なのです。

けれども、お客様とその行員とのやりとりを見ていられませんでした。

通帳を持って、遠いところから休みの日に来てくれたのです。しかも、その人は私と同じ年でした。そんな共通点に気持ちが緩《ゆる》んでしまったのです。

お客様にはいろいろ説明して、その場でご契約をしていただきました。

もちろん、支店長の私が取るわけにいかないので、「君が取ったことにして、書類だけはまとめておいてね」という話をしました。

しかしながらこの行為は後日、本部に知れることになり、大騒ぎになりました。

銀行員の実態に迫ったドラマ「半沢直樹《はんざわなおき》」は話題を呼びましたが、その最終回の最後のシーンは、まさに私にとってはデジャブを見せられたような思いがしました。

この事件の2カ月後、人事異動の通知があるというので本部に呼ばれました。

営業成績はダントツのトップを維持していました。

先の事件で最低ランクをつけられたとしても、もしかしたら、周囲がびっくりするような大抜擢《だいばってき》があるかもしれない、と能天気に思って、意気揚々《いきようよう》と副頭取室に入っていきました。

そこで私に宣告されたのは――。

人生は自分で拓いていくしかない

「〇〇部へ異動」

足の力が抜けて、なんとかトイレに入って、座り込んだまま3分くらいは立つことができませんでした。

部署名はここでは伏せますが、大抜擢どころか、完全に左遷《させん》です。銀行で最低ランクをつけられた人たちが追いやられる部署への異動が、言い渡されたのです。

私は信頼関係こそが大事なのだと思っていましたが、その部署は、人を疑うことから入るようなところでした。それで、自分には絶対に無理だと思い、翌日には人事部へ行って、辞表を出しました。

人事部は、まさか私が辞表を出すとは思っていなかったようです。

48歳で大手銀行を辞める人間なんて、滅多《めった》にいません。

噂を聞いた同期から、すぐに連絡があって、「何を血迷っているんだ」というようなことを言われました。

「いまからでも辞表を取り消してこい」と言ってくれた人もいましたが、そんなことはできません。

25年の銀行勤めは、あっけないほど簡単に、お終《しま》いとなったのでした。

銀行を辞めたことを後悔したことはありません。

いまの生活が、私の人生なのだと思います。

もともと50歳までには独立したいと考えていました。それほどに私の銀行員生活は、波瀾万丈《はらんばんじょう》だったといえるでしょう。

そのために、不動産投資のことも勉強していましたし、現実に、銀行に勤めながら、マンションを所有して、家賃収入を得ていました。

それがなかったら、銀行を辞めることはできなかったかもしれません。

30代の頃から、預金残高を積み上げていくことを心がけて、それが信頼残高を積み上げることにもなったように思います。


自分の人生は、自分で切り拓いていくしかありません。

満足できないとしたら、満足できるように、自分が動かなければならないのです。


「菅井さんだから、それができたんですよ」

そんなふうに言われることもありますが、少なくとも30歳の頃の私の預金残高はゼロでした。左遷も何度もありました。

だけど「人間万事塞翁が馬」。

いまを大事におおらかに先を明るく見れば、ピンチはチャンスに変えられるのです。

今日からできる信頼残高を増やす習慣⑦

- 「なんで自分だけ…」と言わない
- 安易に一喜一憂しない
- 怒鳴らない
- 後悔しない
- 具体的な未来を想像する
- 自分を信頼する

ほとんどすべての人間は、もうこれ以上アイデアを考えるのは不可能だというところまで行きつき、そこでやる気をなくしてしまう。いよいよこれからだというのに。

――トーマス・エディソン

おわりに――

あなたも信頼残高を増やしていける

つらい経験をした人ほど、小さな幸せに気づく力が大きくなります。

どんな道をたどってきたかよりも、そこから何を学んできたかが大事。よくても慢心しない、悪ければ反省する。よいことに喜び、また悪いことにも喜ぶ。つらく生きても楽しく生きても人生には限りがあります。

自分の人生を楽しくするのは、自分の中の明るい心です。

幸福感とは自分で決めるものです。何が幸福であるかを知らなければ、決して幸せな人生など送れません。可能性や幸せは、すべての人にあるのではありません。ただ「追求」する人だけに「成果」となって現れるものなのだと思います。

思わぬ事故はありますが、思わぬ成功はありません。

成功は思い続けなければ決して実現などしません。

アイデアは特殊な人に与えられる能力ではありません。真剣に考える人に与えられる

「ごほうび」です。

肉体的にも金銭的にも物理的にも、与えられたものだけにとらわれない。自分の可能性を追求することが重要なのだと思います。

まずは大きな未来を見つめ、そして具体的な行動を考える。登坂は苦労が多いですが、下り坂は楽です。だけど下り坂には決して希望や未来はありません。

会社は「道場」か「一生の場所」か。いっそ「道場」だと割り切ってしまえば、つらい仕事もうれしくなります。働くこととは、傍にいる人を楽にしてあげること。言われたことを仕方なくやると、やらされ感しかありませんが、言われた以上のことを目指すとワクワク感が出てきます。

相手を変えるより、自分が大きくなる。イライラするのは他人のせいにしているからです。自分の出番と思った仕事にワクワク感は出てきます。

種は落ちたところで精一杯の花を咲かせます。

自分を励ます最上の方法は、誰かを励まそうと努力すること。環境によって自分の未来が変わるのではなく、意志によって自分の未来が変わるのです。

１００の能書きはいりません。何をどれだけ知っているかではなく、結果的に何ができるかです。

物事は「単純」が重なって「複雑」になるだけであって、もとをただせば単純なこと。だからできることは徹底的にやってみる。

できないことはできないと思わず、できると思ってやってみる。ゼロクリアは造ることの一部。予定通りいかなかったらクリアボタンを恐れない。結果について反省する必要はありますが、失敗したと思う必要は全くありません。

人間は結局生まれて死ぬまでが勝負です。自分自身が満足するには、いまを一生懸命生きるしかありません。

本当に大切なものは全部自分の中にあります。凄い人は決意を忘れない習慣を持っています。

・目標を持つ

・他人のせいにせず、人に感謝をする

・虚勢を張らず、自分をさらけ出す
・頭を良くするために、こつこつと努力する
・へこたれない

こんな人が人に評価され、「信頼残高の高い人」になれます。
お金持ちの人、成功している人は「お金」を追いかけてはいません。追いかけているのは「信頼」です。お金は信頼を追いかけた結果です。
信頼残高を増やすことに、日々努力しているのです。

この本の出版にあたっては、きずな出版の皆さんにご協力をいただきました。筆不精《ふでぶしょう》な私にこのような機会を頂いた櫻井秀勲社長、岡村季子専務、編集担当の小寺裕樹さんに感謝しています。

菅井敏之

著者プロフィール

菅井敏之（すがい・としゆき）

1960年山形生まれ。1983年、学習院大学卒業後、三井銀行（現・三井住友銀行）に入行。個人・法人取引、およびプロジェクトファイナンス事業に従事する。2003年には金沢八景支店長（横浜）に、2005年には中野支店長（東京）に就任。48歳のときに銀行を退職。その後、起業し、アパート経営に力を入れる。6棟のオーナーとして、年間7000万円の不動産収入がある。また、2012年には東京の田園調布に『SUGER COFFEE』をオープンし、人気のカフェとなった。
著書『お金が貯まるのは、どっち!?』『家族のお金が増えるのは、どっち!?』（アスコム）
菅井敏之公式ＨＰ：http://www.toshiyukisugai.jp/
SUGER COFFEE公式ＨＰ：http://www.sugercoffee.jp/

一生お金に困らない人生をつくる――
信頼残高の増やし方

2015年8月10日　第1刷発行

著　者　　　菅井敏之

発行者　　　櫻井秀勲
発行所　　　きずな出版
東京都新宿区白銀町1-13　〒162-0816
電話03-3260-0391　振替00160-2-633551
http://www.kizuna-pub.jp/

編集協力　　ウーマンウェーブ
印刷・製本　大日本印刷

ISBN978-4-907072-38-4

きずな出版

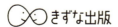

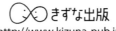